KALLIOPE

Studien zur griechischen und lateinischen Poesie

Band 21

GUSTAV ADOLF SEECK

Platon anders gelesen

Eine Einführung in Platons
Protagoras

Universitätsverlag
WINTER
Heidelberg

Bibliografische Information der Deutschen Nationalbibliothek
Die Deutsche Nationalbibliothek verzeichnet diese Publikation
in der Deutschen Nationalbibliografie;
detaillierte bibliografische Daten sind im Internet
über *http://dnb.d-nb.de* abrufbar.

UMSCHLAGBILD
Platon

ISBN 978-3-8253-4861-8

Dieses Werk einschließlich aller seiner Teile ist urheberrechtlich geschützt.
Jede Verwertung außerhalb der engen Grenzen des Urheberrechtsgesetzes
ist ohne Zustimmung des Verlages unzulässig und strafbar. Das gilt ins-
besondere für Vervielfältigungen, Übersetzungen, Mikroverfilmungen und
die Einspeicherung und Verarbeitung in elektronischen Systemen.

© 2021 Universitätsverlag Winter GmbH Heidelberg
Imprimé en Allemagne · Printed in Germany
Umschlaggestaltung: Klaus Brecht GmbH, Heidelberg
Druck: Memminger Medien Centrum, 87700 Memmingen

Gedruckt auf umweltfreundlichem, chlorfrei gebleichtem
und alterungsbeständigem Papier

Den Verlag erreichen Sie im Internet unter:
www.winter-verlag.de

Inhalt

Vorwort 7

Vorbemerkungen 11

  1 Warum Platon anders lesen? 11
  2 Die Ungenauigkeit der Sprache 13
  3 Was man aus Platons *Protagoras* lernen kann 13
  4 Platons *Protagoras*, ein erzählter Dialog 14
  5 Platon und die Sophistik 15
  6 Protagoras' *Homo-mensura*-Satz 16
  7 Inszenierung durch Platon 17
  8 Szenische Gliederung 18
  9 Die fünf Teile des Gesprächs mit Protagoras 18
10 Gesprächsform 19
11 Sokrates' Rolle als Erzähler 20
12 Probleme der Terminologie 20
13 Die Paradoxie von Oberbegriff und Unterbegriffen 21
14 Gegensatz als Begriff und Gegensätze in der Sprache 21
15 Warum Sokrates in dem Gespräch nicht siegen kann 22
16 Die abschließende Szene (360e6-362a4) 22

Der Dialog 23

Vorbereitende Szenen 23
    Prologszene: Sokrates wird aufgefordert zu erzählen 23
    Fünf weitere Szenen 24
Sokrates erzählt sein Gespräch mit Protagoras 30
    Erster Teil: Ist Tugend lehrbar? 31
    Zweiter Teil: Tugend ist grundsätzlich lehrbar 33
    Dritter Teil: Begriffsanalyse der Tugend 41
        Erste Zwischenszene 55
    Vierter Teil: Ein spielerischer Streit über ein Scherzgedicht ... 59
        Zweite Zwischenszene 74
    Fünfter Teil: Fortsetzung der Begriffsanalyse der Tugend ... 77
    Abschluß: Ein letzter Scherz, freundlicher Abschied 103

Vorwort

Die zahllosen „Fußnoten" (A.N. Whitehead), die von abendländischen Philosophen (und Philologen) zu Platon geschrieben wurden und werden, sind selbst für Fachleute nicht mehr zu überschauen. Die Fülle der fachinternen speziellen Informationen und unterschiedlichen Meinungen ist für Menschen, die Platon selbst (im Original oder in Übersetzungen) lesen möchten, eine fremde Welt.

Der vorliegende Kommentar will an einem Beispiel zeigen, wie man durch unbefangenes, aber sorgfältiges Lesen eines streckenweise sehr schwierigen Textes zu eigenen und neuen Einsichten gelangen kann, wenn man sich auf das Wesentliche konzentriert. Beim Dialog *Protagoras* betrifft das vor allem den e r k e n n t n i s - u n d s p r a c h t h e o r e t i s c h e n Inhalt. Er ist derzeit besonders aktuell, weil heute die Sprache mehr denn je als politisches Instrument benutzt – und auch mißbraucht wird.

Wenn Platon Sokrates mit Sophisten reden läßt, erweist sich nach verbreiteter Meinung immer Sokrates als geistig überlegen. Im Dialog *Protagoras* ist das jedoch nicht der Fall; denn Protagoras kann Sokrates' wiederholte Versuche, ihn zu widerlegen, abwehren. Ihr Gespräch endet daher unentschieden.

Zu Platons Lebzeiten konnten seine Leser kaum etwas anderes erwarten; denn der historische Protagoras war ein skeptischer Realist,[1] den ein Idealist wie Sokrates nicht durch bloße Ermahnungen zum Glauben an „das Gute" hätte bekehren können, sondern nur durch überzeugende Beweise. Platon läßt Sokrates daher ein von Sophisten entwickeltes Verfahren benutzen, bei Meinungsverschiedenheiten die Meinung des Gegners als widersprüchlich zu erweisen. Sokrates versucht also einen Sophisten mit dessen eigenen Waffen zu schlagen. Das kann ihm nicht gelingen, aber Platons Leser können dadurch viel über den richtigen Umgang mit der Sprache lernen.

---

[1] Von ihm stammt der sog. *Homo-mensura*-Satz, d.h. die Einsicht, daß der Mensch sich nicht einbilden solle, klüger als er selbst und seine Sprache sein zu können. Siehe Vorbemerkung 6.

Aus heutiger Sicht handelt es sich dabei um ein Spiel mit der Mehrdeutigkeit von Wörtern, das weder Protagoras noch Sokrates ganz zu durchschauen scheinen, weil sie das Sprachproblem, auf dem es beruht, nicht explizit benennen. Es sind Paradoxien, die nur durch die Unterscheidung von Sprachschichten (Unterbegriffe/Oberbegriff bzw. Sprache/Metasprache) aufgelöst werden können.[2] Da weder Protagoras noch Sokrates ein Wort für „Oberbegriff" und „Metasprache" haben, reden sie fast zwangsläufig manchmal aneinander vorbei.

Die folgenden **Vorbemerkungen** bieten einen Überblick über Inhalt und Form des Dialogs und besonders über Probleme der Terminologie, von denen der Platonleser vorweg etwas wissen sollte.

Paraphrasen und Übersetzungen geben den griechischen Text nicht in allen Einzelheiten wieder, sondern wollen die inhaltlich tragenden Gedanken und Gedankengänge hervorheben. Übersetzungen, die dem Text überall Wort für Wort folgen, können heutigen Lesern, die nicht die Zeit haben, sich selbst intensiv in den Inhalt einzuarbeiten, das nicht bieten. – Griechischkenntnisse werden nicht vorausgesetzt. Griechische Termini (in lateinischer Umschrift) sollen nur helfen, terminologische Probleme besser zu verstehen.[3]

Um dem Leser die optische Orientierung zu erleichtern, wird das von Sokrates **erzählte** Gespräch hier in **direkter** Form wiedergegeben, d. h. die Äußerungen der Sprecher erscheinen nicht als indirekte, sondern unter vorangestelltem Namen des Sprechers als direkte Rede. Durch den deutlich sichtbaren Sprecherwechsel kommt vor allem der kleinteilige und sophistische Tricks nicht scheuende Weg von Sokrates' Beweisversuchen übersichtlicher heraus als bei fortlaufend indirekter Rede.

Die eingeschobenen **Kommentare** gehen nur auf die Gesprächsform und den gedanklichen Zusammenhang ein und lassen alles beiseite, was für dessen Verständnis entbehrlich ist. Es werden daher auch keine Meinungen aus der bisherigen Forschung besprochen, die sich auf spezielle Fragen beziehen, aber nicht den eigentlichen Inhalt des Dialogs, wie er hier verstanden wird, betreffen.

Eingefügte **kursive Hinweise** sollen helfen, dem Gedankengang des Dialogs zu folgen.

---

[2] Bekannt ist die sog. Lügner-Paradoxie. Wenn ein Lügner sagt: „Lügner lügen", bezeichnet er seine Behauptung als Lüge.

[3] Genaueres dazu siehe Vorbemerkung 12. Probleme der Terminologie.

Zugrunde liegt der griechische Text in der Oxford-Ausgabe von Burnet, nach deren Zeilenzählung zitiert wird. Da dort der Sprecherwechsel optisch nicht oder nur durch einen Gedankenstrich angezeigt wird, sind Sinnabschnitte öfter schwer zu erkennen.

In den Zeilen 351a2-3, 351a7-b1 und 356a8-c3 sind unpassende spätere Zusätze von fremder Hand auszuscheiden.

Inhaltliche Abweichungen von den Übersetzungen von Schleiermacher, Apelt und Manuwald werden nur in besonderen Fällen angesprochen. Zeile 359c5 sei hier genannt: *deiloí* bedeutet nicht „feige", sondern „furchtsam", und *ta tharraléa* bedeutet nicht „das Unbedenkliche" oder „das Ungefährliche", sondern „was Mut erfordert".

Vorbemerkungen

1 Warum Platon anders lesen?

Der Gedankengang des Dialogs *Protagoras* ist durch terminologische und formale Komplikationen nicht ganz leicht zu durchschauen, wie die Übersetzung und der sehr ausführliche Kommentar von Bernd Manuwald[4] zeigen. Deren Ziel ist es, möglichst alle sprachlichen und inhaltlichen Fragen zu beantworten, unter ständiger Berücksichtigung der bisherigen Forschung. Das ist fachintern sehr verdienstvoll, erschwert es aber, die im Grunde einfachen (wenn auch heute oft nicht verstandenen) zeitlosen Probleme zu erkennen, um die es im *Protagoras* geht.

Die heute vorherrschende Auffassung, Sokrates sei im Gespräch mit einem Sophisten immer der Überlegene,[5] beruht wahrscheinlich auf der sehr berechtigten Sympathie für den Menschen Sokrates und der unberechtigten Antipathie gegenüber seriösen Sophisten. Als Idealist, der an „das Gute" glaubt, spricht Sokrates sozusagen von höherer Warte und scheint der Wahrheit näherzukommen als ein nüchterner Realist wie Protagoras. Dies Vorurteil hat dazu geführt, daß Platons *Protagoras* und andere Dialoge wie z. B. sein *Gorgias*[6] bis in die neueste Zeit unter einer falschen Voraussetzung gelesen und daher nicht richtig verstanden werden.

Im Gespräch mit Protagoras kann es Sokrates natürlich nicht gelingen, ihn vom Realisten zum Idealisten zu bekehren, aber durch seine Fragen werden Komplikationen und Paradoxien sichtbar, die im Begriff „Tugend" (*areté*) und in Sprache und Sprachgebrauch stecken und bis heute nicht restlos aufgeklärt werden konnten.

---

[4] Bernd Manuwald: Platon, Protagoras, Übersetzung und Kommentar. Göttingen 1999.
[5] Manuwald S. 428 „Sieg über Protagoras". – Anders früher z. B. Alfred Gercke „Eine Niederlage des Sokrates", Neue Jahrbücher für das klassische Altertum, Jahrgang 1918, S. 145 ff.
[6] Vgl. G. A. Seeck: Platons „Gorgias". Einführende Übersetzung und Kommentar. Hamburg 2020.

Für die Auffassung, Protagoras habe gesiegt, scheinen zwei Stellen im Text zu sprechen (333e2-4, 360c7-d6), wo Sokrates als Erzähler konstatiert, Protagoras habe gezögert zu antworten, und Sokrates das anscheinend als Zeichen deutet, Protagoras erkenne seine herannahende Niederlage.

Der Wortlaut kann aber auch das Gegenteil bedeuten, nämlich Protagoras' abnehmendes Interesse an Sokrates' vergeblichen Versuchen, bei ihm einen Widerspruch zu entdecken. Der Kontext spricht eher für das zweite, weil der berühmte Sophist natürlich diesen sophistischen Trick kennt und es eine Zumutung für ihn ist, immer wieder zeigen zu müssen, daß er nicht darauf hereinfällt.

Der Ausgangspunkt ihres Gesprächs ist der Begriff und das Wort „Erziehung" (*paideía*). Platon läßt im *Protagoras* drei berühmte Pädagogen seiner Zeit, die damals „Sophisten" genannt wurden, auftreten. Neben Protagoras sind das Prodikos und Hippias.

Das waren nicht wie heutige Pädagogikprofessoren vom Staat besoldete Theoretiker, sondern freischaffende Praktiker, die umherreisend Kurse gegen Bezahlung anboten. Ihr Angebot bestand darin, junge Männer zu erfolgreichen und angesehenen Bürgern zu machen. Da ihnen Schüler scharenweise zuliefen, wodurch sie reich wurden, gab es Neider und Zweifler, die ihnen mißtrauten. Die Bezeichnung „Sophist" galt daher in manchen Kreisen fast als Schimpfwort und in der Politik (Volksversammlungen) hörte man eher auf rhetorische und politische Naturtalente wie in Athen auf Perikles.

In Platons Dialog *Protagoras* will Sokrates mit Protagoras über das Ziel der Erziehung reden. Sie diskutieren über einen Begriff, der damals *areté* (Tüchtigkeit/Tugend) hieß und heute als politische Forderung nach „Bildung" eine idealistische, aber undefinierte Rolle spielt.

Sokrates bezweifelt, daß Sophisten wirklich wissen, was das Ziel der Erziehung sein sollte, weil sie dabei nur an bürgerliche Tüchtigkeit denken, während er darunter vor allem Tugend (ethische Tüchtigkeit) versteht. Das Gespräch zwischen Sokrates und Protagoras besteht daher im wesentlichen aus einer Begriffsanalyse der Tugend, die in Probleme bei Begriffen, Sprache und Sprachgebrauch führt und mit der Einsicht endet, daß sie nicht haben klären können, was *areté* eigentlich ist.

Die von Sokrates unternommene Begriffsanalyse wirkt streckenweise wie ein spielerischer Streit um Worte, aber dabei geht es um ein in der Demokratie stets aktuelles Problem, nämlich daß Wörter täuschen können, weil Wörter meist mehrdeutig sind. Heute scheint das Politikern nicht immer klar zu sein, weswegen bei Meinungsverschiedenheiten oft irgendwie aneinander vorbeigeredet wird und in Medien und Öffentlichkeit vieldeutige Schlagworte eine fragwürdige Rolle spielen.

2 Die Ungenauigkeit der Sprache

Die Sprache ist im Alltagsleben hinreichend genau, wird aber in Bereichen zum Problem, wo (unerreichbare) absolute Genauigkeit wünschenswert ist, z.B. bei Gesetzen, Verträgen und politischen Verhandlungen, weswegen es immer wieder Streit um die Bedeutung von Wörtern gibt. Für die Demokratie ist das gefährlich, weil sie auf der sprachlichen Kommunikation zwischen Regierung und Volk beruht und eigentlich von Mißverständnissen frei sein sollte.

Platon läßt zwei kluge Männer über die Tugend/Tüchtigkeit (*areté*) als Ziel der Erziehung zum guten Bürger in der Demokratie reden. Sokrates beginnt eine Begriffsanalyse, wobei sich zeigt, daß „Tugend" zugleich Ober- und Unterbegriff ist und die Unterbegriffe (die zahllosen „Einzeltugenden") nicht immer gut zusammenpassen.

Anhand eines Gedichts benutzt Protagoras als scherzhafte Dichterkritik die Paradoxie, daß Wörter manchmal sich zu widersprechen scheinen und zugleich dasselbe bedeuten können. Sokrates spielt mit und zeigt, wie man aus einem Gedicht eine Absicht des Dichters herauslesen kann, die darin nicht zu finden ist. – In heutiger Terminologie kann man sagen, Protagoras spiele einen Hermeneutiker, Sokrates einen Intentionalisten.

3 Was man aus Platons *Protagoras* lernen kann

Bei der politischen Auseinandersetzung in der Demokratie muß man Begriffe, Wörter, Wortbedeutungen und Wortgebrauch unterscheiden. Da in der Demokratie die Regierung kritisiert werden darf, pflegt sie in der Sprache steckende Möglichkeiten zu nutzen, um ihre Politik durchzusetzen. Sie kann heute z.B. versuchen, mit Hilfe der Medien unerwünschte Wörter aus dem Sprachgebrauch zu verbannen. Ebenso kann sie vorhandene Wörter umdeuten, um von drohenden Gefahren abzulenken.

Die Wähler in der heutigen Demokratie müssen nicht wissenschaftliche Sprachanalyse betreiben, aber ihnen sollte immer bewußt sein, daß Wörter täuschen können und Politiker weder allwissend noch frei von subjektiven Interessen sind.

Daß im antiken Griechenland nach der Zeit der Monarchien die in den einzelnen Staaten herrschende Oberschicht politisch eingebunden wurde, konnte übrigens nur durch neue Begriffe und Wörter gelingen, vor allem natürlich durch den Ruf nach „Demokratie" (Volksherrschaft).

4 Platons *Protagoras*, ein erzählter Dialog

In einer Prologszene erklärt Sokrates sich bereit, einem Freund von seinem Gespräch mit Protagoras zu erzählen. Abgesehen von dieser Prologszene handelt es sich beim *Protagoras* also um einen von Sokrates erzählten Dialog.

Doch Sokrates ist nicht nur Erzähler, sondern er bestimmt das Thema und ist zugleich Hauptdarsteller und Regisseur. Er unterbricht Protagoras bei dessen Vortrag und veranlaßt Hippias und Prodikos, ihre Vorträge ebenfalls abzubrechen und ihm und Protagoras zuzuhören.

Dabei trägt er das Gespräch nicht wie einen Schauspielertext vor, sondern Platon läßt ihn in indirekter Rede erzählen, was er und Protagoras und andere Anwesende gesagt haben. Sokrates wirkt dadurch wie jemand, der souverän über dem von ihm erzählten Geschehen steht. Platon erlaubt ihm sogar, gelegentlich eigene Gedanken einzuflechten und zu sagen, was seiner Meinung nach in Protagoras' Kopf vor sich geht. Das ist ein erzähltechnisch attraktiver Einfall, der Sokrates' Bericht auflockert und für den Leser interessanter macht. Diese Unterbrechungen der Erzählung sind in der Übersetzung durch • gekennzeichnet.

Die indirekte Rede hat jedoch für Leser, die zwar den Künstler in Platon bewundern, aber vor allem den sachlichen Inhalt eines Dialogs verstehen möchten, den Nachteil, daß der Dialog *Protagoras* zu dem optisch nivellierten fortlaufenden Text geworden ist, wie wir ihn aus Ausgaben des griechischen Textes und Übersetzungen kennen.

Um solchen Lesern die Übersicht zu erleichtern, wird, wie schon im Vorwort gesagt, in der vorliegenden Übersetzung der in indirekter Rede erzählte Dialog als direkter Dialog wiedergegeben.

5 Platon und die Sophistik

Für Platon sind Sophisten das, was man heute als „Wissenschaftler" bezeichnet. Aber er unterscheidet seriöse Sophisten, die ernsthaft versuchen, Wissen, soweit das für Menschen erreichbar ist, zu lehren, von Scharlatanen, die nur vorgeben, solches Wissen zu besitzen, und Pseudo-Wissen verbreiten. Er würde uns raten, bei heutigen Wissenschaftlern ebenso zu verfahren.

Die seriösen, zu denen für ihn, wie der *Protagoras* zeigt, auch Protagoras, Prodikos und Hippias gehören, respektiert er, aber hat doch Vorbehalte, weil sie sich nur um das für Menschen erreichbare Wissen bemühen, das relativ ist und jederzeit durch neue Erkenntnisse überholt werden kann. Seiner Meinung nach sollte das nicht für ethische Fragen gelten, bei denen es absolut geltende Antworten auf die Frage, was „das Gute" ist, geben müsse.

Heute spricht man in Europa von „Werten" und scheint idealistisch zu glauben, das Zusammenleben der Menschheit würde problemlos funktionieren, wenn diese Werte weltweit anerkannt werden.

Protagoras hält diesen Glauben an „das Gute" für einen Fehler, weil der Begriff „gut" mißbraucht werden kann, und spricht von der „Buntheit" (334b6), d. h. der Relativität der Bezeichnung „gut", die eigentlich nur „nützlich" bedeute. Er nennt viele Beispiele dafür, wie etwas, das an einer Stelle als gut gilt, weil es nützt, an einer anderen schaden kann.

Sokrates könnte der Erfahrung, auf die Protagoras verweist, die Erfahrung entgegenstellen, daß die meisten Menschen sich weitgehend an das halten, was in ihrem Staat als „gut" gilt, weil sonst kein halbwegs friedliches Zusammenleben der Menschen möglich wäre. Protagoras' Empfehlung, sich mit dem relativen „gut" zu begnügen, lehnt er ab; denn er hält „das Gute an sich" nicht für eine theoretische Abstraktion, sondern für etwas Reales, sozusagen eine dem Menschen angeborene seelische Instanz, die durch Erziehung und Nachdenken bewußt gemacht werden muß, um zu praktischer Wirkung zu kommen.

Leider ist bisher nicht gelungen und kann auch in Zukunft nicht gelingen, diesen lobenswerten theoretischen Wunsch mit den unterschiedlichen praktischen Interessen der Menschen in Einklang zu bringen.

6 Protagoras' *Homo-mensura*-Satz

Den Satz „Der Mensch ist das Maß aller Dinge" kennen wir, weil Platon ihn in seinem Dialog *Theaitetos* zitiert. Er wird heute oft falsch verstanden, als ob Protagoras gemeint habe, der Mensch sei ein Wert an sich und seine wichtigste Aufgabe sei es, sich selbst und alle anderen Menschen vor Unglück und vorzeitigem Tod zu bewahren.[7]

Platon zitiert den Satz vollständig, nämlich mit der Fortsetzung „der seienden, daß sie sind, der nicht seienden, daß sie nicht sind". Protagoras meint also im Gegenteil, der Mensch solle sich nicht allzu wichtig nehmen, weil seine Erkenntnis äußerst begrenzt ist; denn er kann nur das erkennen, was er körperlich wahrnimmt und gedanklich verarbeitet, und nicht das, was er nicht wahrnimmt und nur denkt, d. h. wovon er nichts weiß.[8]

Mit diesem bis heute wichtigsten Satz zur Erkenntnistheorie[9] warnte Protagoras davor, großzügig über Dinge zu reden, von denen man nicht weiß, ob es sie wirklich gibt oder nur von Menschen ausgedacht sind. Er wußte, daß man sich auf die Sprache nicht verlassen darf; denn sie besteht aus Wörtern, die Menschen erfunden haben, um ausdrücken zu können, was in ihrem Kopf vor sich geht. So ist von ihm auch der Satz überliefert: „Ich weiß nicht, ob es Götter gibt oder nicht gibt." Das zu sagen war riskant, aber wenn ihm jemand einen Prozeß wegen Gottesleugnung (Asebie) anhängen wollte, hat er wahrscheinlich entgegnet, er habe nur zwischen „wissen" und „glauben" unterschieden und halte es für selbstverständlich, an Götter zu glauben.

Der griechische Polytheismus war für ihn eine harmlose Sache, weil er keine Religionskriege verursachte, wie sie der Monotheismus mit sich brachte. Protagoras würde das als Beweis ansehen, daß Religion eine Erfindung des Menschen ist, die nur dann gut sein kann, wenn sie nicht als Vorwand für die Ausübung von Macht durch unwissende oder machtgierige Menschen mißbraucht wird.

---

[7] Vgl. G. A. Seeck: Platons *Theaitetos*. Ein kritischer Kommentar. München 2010.
[8] Wenn Ludwig Wittgenstein Protagoras' Schüler gewesen wäre, hätte sein *Tractatus* wahrscheinlich nicht mit dem Satz „Die Welt ist alles, was der Fall ist" begonnen, sondern mit dem Satz „Für den Menschen ist die Welt alles, was er wahrnimmt und denkt".
[9] Protagoras' einfacher Gedanke wurde später bei den sog. Empiristen zu weniger einfachen Büchern ausgearbeitet.

7 Inszenierung durch Platon

„Der *Protagoras* ist der neben dem *Symposion* wohl abwechslungsreichste und szenisch lebendigste Dialog Platons." [10]

Platon soll in jungen Jahren Tragödien gedichtet haben, hat sich dann aber entschieden, philosophische Prosadialoge zu verfassen. Wahrscheinlich hatte er erkannt, daß es ihm mehr lag, Menschen über geistige Probleme als über tragische Konflikte reden zu lassen. Da seine Dialoge nicht zur Aufführung im Theater mit Kostümen und Kulissen, sondern zum Lesen bestimmt sind, muß er gedacht haben, daß Leser nicht nur Worte lesen wollen, sondern sich auch etwas dabei vorstellen möchten, und daß man mit Worten Bilder erzeugen kann. Er versteht es, mit wenigen Worten vor dem geistigen Auge des Lesers amüsante und bewegte Szenen fast wie kurze Filmszenen ablaufen zu lassen.

Der *Protagoras* beginnt mit dem scherzhaften Spott eines Freundes, der Sokrates verdächtigt, der Liebhaber des schönen Alkibiades zu sein, mit dessen Schönheit es jedoch fast schon vorbei sei. Sokrates geht auf den Scherz ein und entgegnet, Alkibiades werde im Gegenteil gerade erst richtig schön. Darauf folgen ein fast komischer nächtliche Überfall auf Sokrates durch den jungen Hippokrates, später Sokrates' Verhandlung mit einem groben Pförtner, weiter seine amüsante Beschreibung der Situation im Hause und wie „wir alle" (anstelle des Hauspersonals) eifrig zufassend Sitze und Bänke am Ende der Halle bereitstellten.

Die motivische Ausstattung dieser Szenen ist jedoch äußerst sparsam. Wir erfahren weder den Namen des Freundes noch warum ihn interessiert, was Sokrates mit Protagoras geredet hat. Platon verrät uns auch nicht, wer Hippokrates ist, der sich erlauben kann, Sokrates nachts aus dem Bett zu holen. Später läßt er Sokrates ohne Begrüßung Protagoras ansprechen und diesen anstandslos den Vortrag, den er gerade hält, abbrechen. Es sind nur Momentaufnahmen, die viele Fragen, die realistisch denkende Leser stellen könnten, unbeantwortet lassen.[11]

Auch das Gespräch zwischen Sokrates und Protagoras ist durch solche szenischen und manchmal humoristischen Elemente aufgelockert.

---

[10] Manuwald am Anfang seines Vorwortes.
[11] Goethe fand, er selbst habe anders als Schiller zu viel motiviert (Eckermanns Gespräche, Erster Teil, 18.1.1825).

8 Szenische Gliederung

In der Prologszene (309a1-310a7) trifft Sokrates trifft zufällig einen „Freund" und erklärt sich bereit, von seinem Gespräch mit Protagoras zu erzählen. Während er erzählt, spricht er mehrmals den Freund an und informiert ihn über die Reaktion der Zuhörer und seine eigenen Empfindungen. Diese Stellen sind in der Übersetzung durch • gekennzeichnet.

Auf das Gespräch hinführende Szenen:
310a8-311a2: Sokrates wird nachts von Hippokrates geweckt und aufgefordert, ihn Protagoras als neuen Schüler zuzuführen.

311a2-314c2: Im Hof seines Hauses warnt er Hippokrates, sich einem Sophisten blindlings als Schüler anzuvertrauen.

314c3-e2: Im Vorhof des Hauses, in dem sich Protagoras als Gast aufhält, überredet er den groben Pförtner, sie einzulassen.

314e3-316a7: Er beschreibt die Situation im Haus. Dort halten die Sophisten Protagoras, Prodikos und Hippias Vorträge und beantworten Fragen ihrer Zuhörer.

316b1-317e6: Er spricht Protagoras an, bringt sein Anliegen vor und fragt, ob Protagoras bereit ist, vor allen Anwesenden mit ihm zu reden, woraufhin auch Prodikos aus einem Nebenraum herangeholt wird.

9 Die fünf Teile des Gesprächs mit Protagoras

Es sind fünf Teile und zwei Zwischenszenen (<) zu unterscheiden.

317e3-320c7 Protagoras nennt als Ziel seines Unterrichts den guten Bürger. Sokrates zweifelt, ob das lehrbar ist.

320c8-328d2 Protagoras antwortet er mit einem Mythos, wonach dem Menschen politische Kompetenz angeboren ist, die aber durch Erziehung in die Praxis umgesetzt werden müsse. Sokrates ist einverstanden.

329b5-334c6 Sokrates versteht unter Erziehung zum guten Bürger vor allem die Erziehung zur Tugend (*areté*) und fragt nach dem Verhältnis der Einzeltugenden untereinander. Dazu führt er den Begriff „gut" ein, der seiner Meinung nach klar und eindeutig ist. Protagoras hält dagegen „gut" für relativ und setzt es mit „nützlich" gleich.

<334c7-338e5 Sokrates und Protagoras möchten das Gespräch beenden, werden aber überredet weiterzumachen.

338e6-347a5 Protagoras und Sokrates reden spielerisch anhand eines damals allgemein bekannten Liedes über die Begriffe „sein" und „werden". Protagoras rügt als Hermeutiker einen scheinbaren Widerspruch in dem Gedicht, Sokrates trägt als Intentionalist seine Auffassung zur Absicht des Dichters vor.

<347a6-348c4 Sokrates will das Gespräch über die *areté* fortsetzen. Protagoras zögert, aber läßt sich von Zuhörern überreden, wieder Fragen zu beantworten.

349a6-360e5 Sokrates redet weiter über das Verhältnis der Einzeltugenden untereinander. Danach führt er den Begriff „Lust" (*hedoné*) ein und fingiert ein Gespräch mit Vertretern der öffentlichen Meinung über die Frage „Was heißt von der Lust besiegt werden?". Protagoras antwortet danach nur noch zögernd und fordert Sokrates schließlich auf, alleine weiterzumachen.

10 Gesprächsform

Wenn zwei höfliche Menschen miteinander reden, verläuft das Gespräch gewöhnlich nach keiner festen Regel. Der eine sagt etwas, der andere antwortet. So beginnt auch das Gespräch zwischen Sokrates und Protagoras. Da beide auch längere Ausführungen für nötig halten, hören sie einander zunächst geduldig an.

Doch plötzlich (334c) behauptet Sokrates, er sei vergeßlich und könne langen Reden nicht folgen. Protagoras möge sich daher kürzer fassen, andernfalls werde er weggehen. Damit schlägt er eine Spielregel wohl aus dem Rhetorikunterricht und öffentlichen Werbeveranstaltungen vor, nämlich daß nur kurze Fragen und kurze Anworten zugelassen sind. Das waren Streitgespräche zwischen Frager und Antworter, wobei als Sieger galt, wer dem anderen einen Widerspruch nachweisen konnte. Mit Hilfe dieser Spielregel versucht Sokrates, Protagoras zu zwingen, sich zu widersprechen.

Ihm scheint jedoch zugleich irgendwie klar zu sein, daß ein solcher Versuch bei Protagoras, der natürlich alle rhetorischen Tricks kennt, nicht gelingen kann und Protagoras veranlassen muß, das Interesse an dem Gespräch zu verlieren. Der Zuhörer Alkibiades glaubt zwar nicht, daß Sokrates vergeßlich ist, weist aber zugleich darauf hin, daß bei Streitgesprächen eine lange ausführliche Antwort ein Trick eines Antworters, dem keine passende Antwort einfällt, sein kann, um die Zuhörer vergessen zu lassen, was der Frager gefragt hatte (336d).

Da Sokrates behauptet (342a-343b5), wahre Philosophie bestehe aus kurzen Aussprüchen, wie sie von den sog. Sieben Weisen überliefert sind, würde er heute wahrscheinlich vor Büchern warnen, die ein Thema gedankenreich behandeln, ohne zu klaren und überzeugenden Aussagen zu kommen.

11 Sokrates' Rolle als Erzähler

Als Erzähler ist Sokrates ein Berichterstatter, der manchmal aus der Rolle fällt und kommentierende Bemerkungen für den zuhörenden Freund einschaltet. Sie sind in der Übersetzung, wie schon gesagt, durch • gekennzeichnet.

Nach traditioneller Deutung will er uns Leser dadurch glauben lassen, Protagoras befürchte, eine Niederlage eingestehen zu müssen.

Doch da ist, wie oben schon gesagt, zu fragen, ob Sokrates das wirklich meinen kann und ob nicht umgekehrt Protagoras, der doch über jahrzehntelange Erfahrung in Streitgesprächen verfügt, zunehmend denken muß, daß Sokrates ihn bewußt nicht verstehen will (ein rhetorischer Trick) und eine Fortsetzung des Gesprächs deswegen nicht lohnt. Das würde seine von Sokrates konstatierte Unzufriedenheit (335a9-b1) mit dem Verlauf des Gesprächs besser erklären.

12 Probleme der Terminologie

Ohne Sprache gäbe es keine Verständigung unter Menschen. Doch wie Platon im *Protagoras* zeigt, kann die Sprache durch Mehrdeutigkeiten die Verständigung erschweren und sogar verhindern.

Für Übersetzer ergeben sich daraus Schwierigkeiten, die nicht immer befriedigend aufzulösen sind.

„Tüchtigkeit/Tugend" (*areté*) bedeutet für Protagoras rechtschaffene Lebenstüchtigkeit, für Sokrates dagegen absolute Rechtschaffenheit. *areté* ist daher manchmal mit „Tüchtigkeit", manchmal mit „Tugend" und manchmal mit „Tüchtigkeit/Tugend" zu übersetzen.

„Tapferkeit" (*andreía*) gilt beiden als Tugend, ist für sie also ethisch wertvoll.

„Mut" (*tharros* oder *tharsos*) kann dasselbe wie Tapferkeit bedeuten, kann aber auch wertneutral und sogar unvernünftig sein.

„Gerechtigkeit" (*dikaiosýne*) ist eine Tugend und bedeutet konkret „rechtskonformes Verhalten" der Bürger in der Demokratie.

„Lust" (*hedoné*). Die übliche deutsche Übersetzung „Lust" darf nicht falsch verstanden werden; denn *hedoné* ist keine Begierde, sondern eine begehrenswerte angenehme Empfindung, ein „sich freuen" (*chairein*, engl. *pleasure*). Diese Freude ist an sich gut, aber der Anlaß kann schlecht sein. Daher sind gute und schlechte Lust zu unterscheiden.

13 Die Paradoxie von Oberbegriff und Unterbegriffen

Im *Protagoras* läßt Platon zwar über diese Unterscheidung reden, hat aber keine eigenen Bezeichnungen dafür, so daß der Leser sie sich hinzudenken muß, wenn manchmal der Oberbegriff „Tugend" gemeint ist und manchmal eine Einzeltugend wie „Tapferkeit" oder „Gerechtigkeit" oder „Besonnenheit".

Terminologische Schwierigkeiten bietet auch die Paradoxie, die im Verhältnis der Unterbegriffe untereinander steckt. Einerseits werden sie durch den gemeinsamen Oberbegriff zu einer Einheit zusammengefaßt, andererseits sind sie eine Vielheit, weil sie untereinander verschieden sind. Daher kann man darüber streiten, ob „Tapferkeit" und „Mut" dasselbe (identisch) sind oder sich nur ähnlich oder sogar ganz verschieden (einander entgegengesetzt) sind.

14 Gegensatz als Begriff und Gegensätze in der Sprache

Entgegengesetzt können Sätze (Propositionen) oder Begriffe sein. Im *Protagoras* geht es um Begriffe und deren Namen, also um Wörter. Begriffe und Wörter unterscheiden sich wie Theorie und Praxis oder wie Metasprache und Sprache.

Während Begriffe eindeutig sind oder sein sollten, sind Wörter meist mehrdeutig und mehrere Wörter können dieselbe oder fast dieselbe Bedeutung haben.

Ein Gegensatz als solcher ist ein einfacher Zweier-Formalismus $x \neq y$ (= x und y sind nicht identisch), der kompliziert wird, sobald man für $x \neq y$ Wörter einsetzt, z. B. weiß ≠ schwarz, grau, braun und deren Abstufungen nach hell und dunkel. In der Sprache gibt es also zahllose Gegensätze zu weiß.

Wenn man den abstrakten einfachen Formalismus und die konkrete vielfältige Sprache nicht auseinanderhält, kann es zu Mißverständnissen kommen. Bei Protagoras und Sokrates wirkt das wie ein nicht immer ganz ernst gemeintes spielerisches Kräftemessen.

15 Warum Sokrates in dem Gespräch nicht siegen kann

Wenn ein Idealist einen Realisten zum Idealismus bekehren will, müßte er ihn zwingen können zuzugeben, daß „glauben" sicherer ist als „wissen". Dazu müßte er ihn mit dessen eigenen Waffen schlagen.

Platon läßt Sokrates das sophistische Verfahren nutzen, dem Gegner einen Widerspruch nachzuweisen, um diesen als unwissend zu entlarven. Zugleich aber gibt er Sokrates mit Protagoras einen Gegner, bei dem von vornherein feststeht, daß ein solcher Versuch nicht gelingen kann.[12] Platon zeigt damit, daß sich das theoretische „das Gute" nicht so einfach als existierend beweisen läßt, wie sein Sokrates hofft. Es genügt nicht, Zweiflern Widersprüche nachweisen zu wollen.

Im *Protagoras* ist Platon anscheinend – anders als Sokrates – kein überzeugter Idealist.

16 Die abschließende Szene (360e6-362a4)

Sokrates konstatiert scherzhaft eine (scheinbare) Verkehrung der Fronten und lobt Protagoras als besonders guten Gesprächspartner. Protagoras erwidert das Kompliment freundlich und prophezeit Sokrates einen Platz auf der Ruhmestafel der Weisheit (*sophía*).

Danach gehen sie auseinander wissend, daß die Sprache zwar in der Alltagspraxis zur Verständigung ausreicht, aber wenn man sie genauer betrachtet, voller Probleme steckt und weiter untersucht werden müßte. Besonders die Wörter bzw. Begriffe „Erziehung" und „Tugend" scheinen sie für so schwierig zu halten, daß sich Wissenschaftler und Philosophen noch lange die Zähne ausbeißen können, und sie trennen sich, ohne ein weiteres Treffen zu vereinbaren.

---

[12] Sokrates prüft im *Protagoras* keinen (rhetorisch unerfahrenen) Dichter oder Techniker, wie er es von sich in Platons *Apologie des Sokrates* sagt.

Der Dialog

Vorbereitende Szenen

Prologszene: Sokrates wird aufgefordert zu erzählen.

Sokrates trifft zufällig eine Gruppe von Bekannten und soll von seinem Gespräch mit Protagoras erzählen.

309a1-310a7

FREUND (*hétairos*): Woher, Sokrates? – Du kommst sicher von der Jagd nach dem jungen Alkibiades, dem übrigens unübersehbar schon ein Bart wächst.

> Statt der üblichen Übersetzung „Freund" müßte es eher „ein Bekannter" heißen; denn ein *hétairos* ist sozusagen nur ein Mitglied im selben Verein und kein privater Freund (*philos*).

> Für Sokrates ist Schönheit als solche verehrenswert, und so gibt er sich auch als Verehrer des wegen seiner Schönheit vielumschwärmten Alkibiades. Daß bei Sokrates von einer körperlichen homoerotischen Neigung keine Rede sein kann, weiß natürlich der Bekannte. Sokrates spielt aber bei solchen Andeutungen immer gern mit.

SOKRATES: Laut Homer kommt durch den keimenden Bart erst die Schönheit richtig heraus.

FREUND: Hast du ihn selbst getroffen? Wie hat er sich dir gegenüber verhalten?

SOKRATES: Nach meinem Eindruck sehr gut; denn er hat mir dort, woher ich komme, sehr geholfen.

> Als Sokrates im Gespräch mit Protagoras kurze Fragen und Antworten verlangte, hatte Alkibiades ihn unterstützt (336b7-d5, 347b3-7).

Aber etwas seltsames muß ich dir sagen: Ich habe kaum auf ihn geachtet und habe ihn meist ganz vergessen.

FREUND: Was war der Grund? Du kannst doch in Athen nichts Schöneres als ihn getroffen haben.

SOKRATES: Etwas weit Schöneres, einen Fremden aus Abdera.

FREUND: Wie ist das möglich?

SOKRATES: Weil das Klügste (*to sophótaton*) auch das Schönste ist. Ich habe eben mit Protagoras, der seit drei Tagen in Athen ist und den du vielleicht für den klügsten Menschen hältst, viel geredet.

> Für Sokrates steht geistige Schönheit (Protagoras' Klugheit) weit über körperlicher Schönheit.

FREUND: Warum setzt du dich nicht zu uns und erzählst von eurem Beisammensein?

SOKRATES: Sehr gern. Wir tun uns gegenseitig einen Gefallen.

> Wie oben im Vorwort angekündigt, wird im folgenden der von Sokrates erzählte Dialog als direkter Dialog wiedergegeben.

Fünf weitere Szenen (310a8-317e3).

Sokrates erzählt, wie er mit Hippokrates zu Protagoras kam.

1. In Sokrates' Haus.

Hippokrates, ein junger Athener, ist im ersten Morgengrauen bis zu Sokrates, der noch nicht aufgestanden ist, vorgedrungen.

310a8-311a7

HIPPOKKRATES: Wachst du oder schläfst du?

SOKRATES: Ach du bist's, Hippokrates. Was bringst du Neues?

HIPPOKRATES: Nur Gutes. Protagoras ist da.

SOKRATES: Das weiß ich schon seit vorgestern.

> Sokrates hält die Nachricht nicht für wichtig, während Hippokrates zu erwarten scheint, Sokrates werde gleich aus dem Bett springen.

HIPPOKRATES: Ich weiß es erst seit gestern abend. Tagsüber war ich auf der Suche nach einem entlaufenen Sklaven.

SOKRATES: Was willst du denn von Protagoras?

HIPPOKRATES: Er soll mich klug (*sophós* 310d6) machen.

> Hippokrates möchte sein Schüler werden.

SOKRATES: Das sollte kein Problem sein, wenn du ihn bezahlen willst.

> Hippokrates muß reich sein oder einen reichen Vater haben, der für das (bei Protagoras besonders hohe, vgl. 328b) Honorar aufkommen würde.
>
> Sokrates selbst scheint an einer Begegnung mit Protagoras kein Interesse zu haben.

HIPPOKRATES: Ich möchte, daß du für mich mit ihm sprichst, weil ich jung bin und noch nie mit ihm geredet habe,

Er setzt voraus, daß Sokrates und Protagoras sich schon kennen und es dadurch für ihn leichter sei, zu dem berühmten Sophisten vorzudringen.

Er gilt als der beste Redner und Redelehrer. Laß uns gleich zu ihm gehen. Er wohnt bei Kallias.

SOKRATES: Es ist noch zu früh. Wir wollen warten, bis es Tag ist.

Dieser Beginn der Erzählung ist ein Beispiel für eine unterhaltsame und informative, aber zugleich motivisch sparsame Szene.

Wir erfahren z. B. nicht, warum Hippokrates sich gerade Sokrates als Fürsprecher ausgesucht hat.

2. Im Hof des Hauses

Sokrates warnt Hippokrates, sich Protagoras ohne nähere Prüfung als Schüler anzuvertrauen.

311a8-d4

SOKRATES: Wenn du Arzt werden wolltest, würdest du zu einem Arzt gehen und ihm Lehrgeld zahlen.

Wenn du Bildhauer werden wolltest, würdest zu einem Bildhauer gehen und ihm Lehrgeld zahlen.

311d4-312a7

Wofür willst du Protagoras Lehrgeld zahlen? Wie lautet seine Berufsbezeichnung?

HIPPOKRATES: Man nennt ihn einen Sophisten.

SOKRATES: Und was willst du werden?

HIPPOKRATES (*errötend*): Ein Sophist, wenn eine Analogie zu den genannten Berufen besteht.

Hippokrates will kein Redelehrer werden, sondern ein angesehener Bürger, der sich als Redner in Politik und Leben durchsetzen kann.

SOKRATES: Und du scheust dich nicht, als Sophist zu gelten?

HIPPOKRATES: Doch (das scheue ich), wenn ich offen reden soll.

Über Anfeindungen, denen Sophisten ausgesetzt waren, berichtet Protagoras (316c5-d7 und 317a6-3).

312a7-b6

SOKRATES: Du erwartest (wenn ich dich richtig verstehe) von Protagoras keine spezielle Berufsausbildung, sondern Bildung (*paideía* b4), vergleichbar grundlegenden Fächern wie Schreiben, Lesen, Musik und Sport in der Elementarschule.

Zur anschließenden Weiterbildung boten Sophisten als Privatlehrer Unterricht in praktischen Fächern an, was heute unter staatlicher Aufsicht Fachschulen, Fachhochschulen und Universitäten übernehmen.

312b7-c6

Weißt du, was du vorhast? Du willst die Pflege deiner Seele (geistige und charakterliche Erziehung) einem Sophisten anvertrauen. Weißt du, was ein Sophist ist?

HIPPOKRATES: Ich glaube, wie das Wort sagt, jemand, der sich auf Wissen versteht (*sophōn epistémōn*, „kluges wissend").

Heute hätte Hippokrates wahrscheinlich „Wissenschaftler" gesagt.

312c6-e6

SOKRATES: Wissen haben auch Maler und Architekten. Worin besteht das Wissen des Sophisten?

HIPPOKRATES: Er kann zum Reden fähig machen.

SOKRATES: Die Antwort reicht nicht; denn ein Musiklehrer macht fähig, über Musik zu reden. Worüber zu reden lehrt der Sophist?

HIPPOKRATES: Über das, was er weiß.

SOKRATES: Was ist der Inhalt seines Wissens?

HIPPOKRATES: Da weiß ich nicht mehr, was ich sagen soll.

Er könnte „Rhetorik" antworten, denkt aber an das allgemeine Wissen, das ein Redner braucht, um vor Gericht oder in der Volksversammlung Erfolg zu haben. Dort ist die Rhetorik ein Hilfsmittel, um die Richter oder das Volk zu überzeugen. – Daß die Rhetorik guten und schlechten Zielen dienen kann, gehört im Dialog *Gorgias* zum Thema.

313a1-c4

SOKRATES: Weißt du, in welche Gefahr du deine Seele (dein Denken) bringst? Du hast weder Freunde noch deinen Vater um Rat gefragt, sondern bist fest entschlossen, zu Protagoras zu gehen, obwohl du noch niemals mit ihm gesprochen hast. Du nennst ihn einen Sophisten, ohne zu wissen, was ein Sophist ist.

HIPPOKRATES: Es scheint so zu sein, wie du sagst.

313c4-314a1

SOKRATES: Ein Sophist bietet wie ein Kaufmann Waren an. Der Kaufmann lobt seine Waren, obwohl er nicht beurteilen kann, wie gesund z. B. die Nahrungsmittel sind, die er verkauft. Das kann nur ein Arzt.

Heute dürfen Kaufleute ihren Kunden jeden Wunsch nach Süßigkeiten erfüllen, obwohl Ärzte davor warnen. Bei Zigaretten ist man schon weiter; die Werbung soll zugleich durch abschreckende Bilder davor warnen oder wird sogar ganz verboten.

Ebenso loben diejenigen, die mit „Wissen" handeln, ihre Ware, ohne zu wissen, ob sie gut oder schädlich für die Seele der Käufer ist.

Um diese Frage beantworten zu können, muß man hinsichtlich der Seele sachkundig sein. Erst dann kann man bei Protagoras oder sonst jemand in die Lehre gehen. Andernfalls ist das ein höchst riskantes Spiel.

314a1-b4

Die Gefahr beim Einkauf von Wissen ist sogar größer, weil man es nicht wie in einem Korb nach Hause tragen und dort in Ruhe überlegen kann, ob man es in seine Seele aufnehmen will. Du hast es nämlich schon beim Lernen in dich aufgenommen und hast dir damit möglicherweise bereits geschadet.

314b4-c2

Darüber sollten wir mit Älteren beraten; denn wir beide sind noch zu jung, um diese wichtige Frage zu entscheiden.

Jetzt aber wollen wir, wie geplant, gehen und Protagoras befragen und danach zusammen mit anderen beraten.

Übrigens sind dort auch Hippias und, wie ich glaube, auch Prodikos und viele andere Sophisten.

> Die Anwesenheit der drei berühmten Sophisten hat weniger bekannte Sophisten und wahrscheinlich auch solche, die es werden wollen, veranlaßt, zu Kallias zu kommen.
>
> Daß die drei berühmten Sophisten sich in Athen treffen, anscheinend alle bei Kallias wohnen und in seinem Haus Vorträge halten und das parallel zur gleichen Zeit, ist natürlich Platons Erfindung, d. h. eine literarische Fiktion.

3. Im Vorhof von Kallias' Haus.

> Der Pförtner will sie nicht einlassen.

314c3-e2

- **SOKRATES** (*zum Freund*): Wir blieben im Vorhof stehen, um ein Thema, auf das wir unterwegs gekommen waren, abzuschließen. Das hatte der Pförtner anscheinend gehört; denn als wir klopften und er die Tür öffnete, rief er: „Ha, Sophisten! Kallias ist nicht zu sprechen!" und schlug die Tür wieder zu. Als wir sagten, wir seien keine Sophisten und wollten nicht zu Kallias, sondern zu Protagoras, ließ er uns zögernd ein.

4. Im Haus.

Sokrates beschreibt die Situation.

314e3-316a5

• SOKRATES (*zum Freund*): Als wir eintraten, ging Protagoras mit Kallias und vielen anderen, Einheimischen und Fremden (Schüler), die er mitgebracht hatte, in der Halle auf und ab. Bei jeder Kehrtwendung nahmen seine Zuhörer eilfertig wieder ihre Plätze neben oder hinter ihm ein. Am Ende der Halle saß Hippias mit anderen und schien naturwissenschaftliche und speziell astronomische Fragen zu beantworten. In einem Nebenraum lag Prodikos noch in viele Felle und Decken eingehüllt umgeben von Zuhörern. Was er vortrug, konnte ich nicht verstehen, weil seine tiefe Stimme einen störenden Nachhall erzeugte. Für mich ist er ein bedeutender („göttlicher") Denker.

Nach uns kamen noch dein und mein schöner Alkibiades und Kritias herein.

Es gibt keine Begrüßung. Niemand scheint zu bemerken, daß Sokrates gekommen ist, und Sokrates unterbricht Protagoras kurzerhand bei seinem Vortrag, was dieser und seine Zuhörer anstandslos hinnehmen.

5. Sokrates spricht Protagoras an.

Sokrates fragt Protagoras, was seine Schüler von seinem Unterricht erwarten dürfen. Protagoras antwortet, er wolle sie zu besseren Menschen machen.

Vorweg erklärt Protagoras, es störe ihn nicht, als „Sophist" bezeichnet zu werden.

316a6-c4

SOKRATES: Protagoras, ich bin mit Hippokrates gekommen, weil er im Staat bekannt werden möchte. Er glaubt, das am ehesten als dein Schüler erreichen zu können.

„bekannt". *ellógimos* (*en-logimos*) ist jemand, über den man redet und auf den man hört. Für Hippokrates ist wahrscheinlich Perikles das bewunderte Vorbild, dem er nachstrebt.

Willst du allein mit uns reden oder vor anderen?

316c5-d3

PROTAGORAS: Zu Recht bist du meinetwegen vorsichtig; denn wenn jemand wie ich von Stadt zu Stadt reist und dort begabte junge Leute überredet, Verwandte und Mitbürger zu meiden und sich an ihn zu halten, weil sie dadurch „besserwerden", muß er vorsichtig sein, weil das Neid, Feindseligkeit und hinterhältige Angriffe erzeugt.

316d3-e5
An sich ist die Sophistik (*sophistiké techne*) uralt. Doch Homer, Hesiod, Simonides und viele andere fürchteten die Mißgunst und nannten sich daher Dichter, Propheten, Sportlehrer oder Musiker.

> Protagoras weiß natürlich, daß das Wort „Sophist" damals aller Wahrscheinlichkeit nach noch nicht existierte. Er will nur sagen, daß die Dichter und Fachleute nicht wie später die Sophisten offen sagten, sie wollten Menschen gegen Bezahlung belehren.

316e5-317b3
Ich glaube, daß ihnen das nicht geholfen hat; denn regierende Politiker lassen sich durch solche Vorsichtsmaßnahmen nicht täuschen und das einfache Volk versteht, kurzgesagt, nie, worum es geht, und glaubt der Regierung. Wenn jemand dann heimlich fliehen will, macht es ihn nur noch verdächtiger und man hält ihn für einen Verbrecher.

> Es kam vor, daß Dichter ausgewiesen wurden oder fliehen mußten, um einer Bestrafung zu entgehen.

317b3-c5
Daher sage ich, wie auch andere, offen, daß ich Sophist bin und erziehen (*paideúein*) will. Ich übe meinen Beruf schon seit vielen Jahren aus und mir ist bisher, Gott sei Dank, nichts Schlimmes geschehen.[13]
Übrigens bin ich schon alt und könnte von jedem der hier Anwesenden der Vater sein.

> Die wenigen Jahre, die er noch leben wird, glaubt er, wie bisher gut überstehen zu können, was dem historischen Protagoras wohl auch gelungen ist.

Daher ist es mir am liebsten, wenn ihr es wollt, vor allen Anwesenden mit euch zu reden.

317c6-e3
- **SOKRATES** (*zum Freund*): Ich vermutete, er wolle vor Prodikos und Hippias großtun und zeigen, daß wir als seine Verehrer gekommen waren.

> Daß Platon Sokrates das vermuten läßt, muß uns nicht gefallen; denn diese unfreundliche Unterstellung paßt zu rivalisierenden kleinen Sophisten, aber kaum zu dem hochberühmten älteren Kollegen von Prodikos und Hippias.

(*zu Protagoras*) Warum haben wir nicht Prodikos und Hippias und die bei ihnen Sitzenden hergerufen, damit sie uns zuhören können?

---

[13] Eine erfolgreiche Anklage wegen Asebie. Vgl. Vorbemerkung 6.

Platon läßt Sokrates wie einen Vorsitzenden reden, der Prodikos und Hippias auffordern kann, ihre Vorträge oder Gespräche abzubrechen und mit ihren Zuhörern zu ihm und Protagoras zu kommen.

PROTAGORAS: Ja, sehr gut.
KALLIAS: Wollt ihr, daß wir uns zusammensetzen, damit ihr im Sitzen miteinander reden könnt?

- **SOKRATES** (*zum Freund*): Das schien erwünscht zu sein, und wir alle stellten wie Zuhörer bei Vorträgen von Sophisten weitere Bänke und Sitze bei Hippias (am Ende der Halle) auf. Kallias und Alkibiades hatten Prodikos aufstehen lassen und brachten ihn mit seinen Zuhörern herbei. Als alle zusammensaßen, begann Protagoras.

Sokrates erzählt sein Gespräch mit Protagoras (317e3-362a4).

Personen (wie Platon sie darstellt)
Protagoras, hochberühmter weitgereister Sophist, gut 70 Jahre alt.
Sokrates, etwa 40 Jahre alt, bei Intellektuellen sehr beliebt.

Gelegentlich kommen zu Wort:
Prodikos, berühmter Sophist, etwa 40 Jahre alt, Sprachkritiker.
Hippias, berühmter Sophist, etwa 40 Jahre alt, Universalgelehrter.

Wenn das Gespräch stockt, treten für die Fortsetzung ein:
Kallias, der Hausherr, ein reicher Athener.
Alkibiades, ein junger Athener, energisch und etwas vorlaut.[14]
Kritias, ein junger Athener, etwa 20 Jahre alt.[15]

Stumme Personen:
Freund (dem Sokrates das Gespräch erzählt), von Sokrates mehrfach angesprochen.
Hippokrates, mit Sokrates gekommen.
Andere Zuhörer, sie spenden lautstark Beifall.

Von Sokrates fingierte Gesprächspartner:
Jemand, Viele.

---

[14] Während des Gesprächs wirkt er wie ein junger Erwachsener, in der Prologszene ist er dagegen erst 15-16 Jahre alt.
[15] In den politischen Wirren nach Athens Niederlage im Peloponnesischen Krieg ein berüchtigter Politiker.

Erster Teil des Gesprächs (317e3-320c7): Ist Tugend lehrbar?

Protagoras nennt als Ziel seines Unterrichts, seine Schüler zu guten Bürgern zu machen, die im privaten und politischen Leben ihren Mann stehen.
Sokrates bezweifelt, daß diese bürgerliche Tugend lehrbar ist.

317e3-318d4

PROTAGORAS: Jetzt, Sokrates, kannst du, da alle bereit sind, auf das zurückkommen, was du vorhin zu mir wegen des jungen Mannes sagtest.

SOKRATES: Ich beginne, Protagoras, wie vorhin und sage, weswegen wir gekommen sind. Hippokrates hier will unbedingt dein Schüler werden. Er würde daher gern erfahren, was er davon hat, wenn er sich dir anschließt.

PROTAGORAS: Junger Mann, wenn du zu mir kommst, wirst du Tag für Tag b e s s e r g e w o r d e n (318a8) nach Hause gehen.

„besser" (*béltion*).

Protagoras will mit Hippokrates reden, aber Sokrates antwortet an dessen Stelle und Hippokrates bleibt bis zum Ende des Dialogs stummer Zuhörer.

SOKRATES: Das ist nicht erstaunlich, sondern naheliegend; denn auch du in deinem Alter würdest, wenn dich jemand etwas lehrte, was du nicht weißt, besserwerden.
Aber nicht so (solltest du antworten); denn wenn Hippokrates zu einem Maler ginge und fragte, worin er durch ihn besserwürde, wäre die richtige Antwort „im Malen". Entsprechend, wenn er zu einem Musiker ginge „in der Musik".
Ich frage für Hippokrates: Wenn er dein Schüler wäre, w a s würde er dann Tag für Tag besser können (318d1-4)?

318d5-319a7

PROTAGORAS: Ich lehre nicht wie andere Sophisten spezielle Fächer z. B. Rechnungswesen, Astronomie, Geometrie oder Musik.
Bei mir lernt man praktische Klugheit (*eu-boulía* „Gut-beraten-sein") für das eigene Leben und die Politik, sowohl beim Tun als auch beim Reden.

SOKRATES: Wenn ich dich richtig verstehe, meinst du p o l i t i s c h e s K ö n n e n (*politiké techne*) und versprichst, Männer zu guten Bürgern zu machen?

PROTAGORAS: Genau das biete ich an.

319a8-c8

SOKRATES: Ich möchte dir gern glauben, aber nach meiner Erfahrung ist das (ein guter Bürger zu sein) nicht lehrbar.

Wenn in der Volksversammlung über geplante Gebäude oder Schiffe verhandelt wird, läßt man Fachleute reden, weil das als lehr- und lernbar gilt. Wenn aber ein technischer Laie darüber reden will, wird er ausgelacht und niedergeschrien, weil ihm das Fachwissen fehlt.

319c8-e1

Sobald jedoch über Staatsverwaltung (*póleōs dioikéseōs* = Politik) verhandelt wird, darf jeder reden, weil man glaubt, das sei nicht lehrbar.

> Auch heute, wo man Politikwissenschaft studieren kann, glaubt man nicht, daß praktische Politik lehrbar ist. Daher müssen Abgeordnete nicht Politikwissenschaft studiert haben und spielen Politologen, falls sie in Parlamenten vertreten sind, dort keine herausgehobene Rolle.

319e1-320b3

Im normalen Leben sind die klügsten und besten Bürger nicht imstande, ihre eigene Tüchtigkeit (*areté*) an andere weiterzugeben. Perikles hat seine beiden Söhne alles, was lehrbar ist, lernen lassen, aber das, was er selbst beherrscht (die Politik), zu lehren hat er weder selbst versucht noch hat er sie zu einem Lehrer geschickt. Sie müssen also frei herumlaufend selbst diese Tüchtigkeit zufällig finden.

Die Versuche guter Männer, Heranwachsende, die wie Alkibiades und sein Bruder Kleinias über die Stränge schlagen, besserzumachen, sind oft gescheitert.

320b4-c1

Ich glaube daher nicht, daß Tüchtigkeit/Tugend (*areté*) lehrbar ist. Doch da du das behauptest und du welterfahren bist und viel gelernt und selbst herausgefunden hast, bin ich geneigt, meine Meinung zu ändern.

Wenn du uns deutlicher zeigen kannst, daß die Tüchtigkeit/Tugend lehrbar ist, so zeige es.

> Sokrates weiß natürlich ebensogut wie Protagoras, daß *areté* – von Ausnahmen abgesehen – grundsätzlich lehrbar sein muß, weil es andernfalls zu wenige tüchtige Menschen gäbe und keine Demokratie funktionieren würde. Er möchte nur hören, was Protagoras genauer dazu zu sagen hat.

Zweiter Teil des Gesprächs (320c2-328e3): Tugend ist grundsätzlich lehrbar.

> Protagoras erklärt mit Hilfe eines Mythos, daß *areté* allen Menschen angeboren ist. Doch durch Erziehung muß diese Fähigkeit im praktischen Leben wirksam gemacht werden. Sokrates stimmt zu.

320c2-321c3

PROTAGORAS (<u>zusammenhängende Rede bis 328d2</u>): Daß *areté* lehrbar ist, will ich gern zeigen. Soll ich einen M y t h o s benutzen oder einfach (meine Argumente) vortragen?

> Die Zuhörer überlassen ihm die Entscheidung und er beginnt mit einem Mythos, der erklären soll, warum in der Volksversammlung jeder über Politik reden darf.

Anfangs gab es nur Götter. Sie erschufen die sterblichen Lebewesen. Epimetheus (ein niederer Gott) durfte ihnen Eigenschaften verleihen. So entstanden große und kleine Tiere, Pflanzenfresser und Raubtiere, Vögel und Höhlenbewohner. Gefährdeten Arten verlieh er eine größere Vermehrungsrate.

Doch da Epimetheus („Zuspätdenker") nicht sehr klug war, hatte er die Menschen vergessen, die nun nackt und schutzlos waren.

321c3-322a8

Daraufhin griff Prometheus („Vorausdenker") ein. Er brachte den Menschen das Denkvermögen (*sophía*) und das Feuer. So konnten sie sich das Leben bequemer machen, und es entstanden Religion, Kunst, Musik, Dichtung, Handwerke und Ackerbau.

322a8-b8

Anfangs lebten die Menschen verstreut im Land, weil es noch keine Städte gab. Daher waren sie wilden Tieren hilflos ausgeliefert und hätten ausgerottet werden können, weil sie kein politisches Können (*politiké techne* 321d5, 322b5) besaßen; denn als sie, um sich zu schützen, Städte gründeten, wußten sie nicht, wie man friedlich zusammenleben kann, stritten nur untereinander, verstreuten sich wieder und gerieten wie vorher in Gefahr, ausgerottet zu werden.

Durch Zeus erhielten die Menschen politischen Verstand.

322c1-d5

Um das (die Ausrottung) zu verhindern, befahl Zeus, ihnen Respekt (*aidōs*) und Recht (*dike*) zu bringen, jedem einzelnen, damit alle daran teilhaben, weil es sonst keine Staaten geben könne.

> *aidōs.* Schleiermacher und Apelt übersetzen „Scham", Manuwald „Respektierung des anderen". – Protagoras meint wahrscheinlich, daß bestimmte Regeln respektiert werden müssen, wenn das Zusammenleben funktionieren soll.
>
> *dike.* Schleiermacher und Apelt übersetzen „Recht", Manuwald „rechtliches Verhalten". – Protagoras meint wahrscheinlich nicht das Verhalten (das ist *aidōs*), sondern die Einsicht, daß es eine Rechtsordnung (Gesetze) geben muß.
>
> Diese Einsicht ist *politiké techne*, d.h. die politische Kompetenz, die ein geordnetes Zusammenleben erst möglich macht.
>
> Da dieser Respekt vor der Ordnung, die durch Gesetze geschaffen wird, von Zeus kommt, heißt das: Sie ist dem Menschen angeboren, muß aber durch Erziehung und Unterricht in die Praxis des Lebens übertragen werden. Das ist die Lehrbarkeit, die Protagoras meint, vgl. unten 323c5-e3.

Es solle außerdem ein Gesetz (322d4) geben, wonach alle, die unfähig sind, das Recht und Gesetze zu respektieren, wie eine Krankheit des Staates zu töten seien.

> Zeus hat nicht daran gedacht, das Töten mit Hilfe seiner Blitze selbst zu übernehmen, was den Menschen erspart hätte, darüber nachdenken zu müssen, wie der Staat mit Mördern und unverbesserlichen Straftätern umgehen soll.

Politische Praxis in der Demokratie.

322d5-323a4

Daher lassen die Menschen, wenn (in der Volksversammlung) über die Kompetenz (*areté*) z.B. von Technikern oder Handwerkern entschieden wird, nur Fachleute mitberaten.

Wenn es dagegen um politische Kompetenz geht, d.h. um Gerechtigkeit und Besonnenheit, trauen sie jedem diese zu, weil es ohne sie keine Staaten geben könnte.

Das ist der Grund (*aitía*) für dies Verfahren.

Zweiter Teil des Gesprächs: Tugend ist grundsätzlich lehrbar

Für Protagoras beruht die Demokratie darauf, daß im Prinzip alle Bürger gerecht und besonnen sind und als Regierung Mitbürger wählen, denen sie darüber hinaus spezielle politische Kompetenz zutrauen.

323a5-c5
Ich nenne dir sicherheitshalber ein Anzeichen dafür, daß die Menschen glauben, jeder habe Anteil an der Gerechtigkeit und der übrigen politischen Kompetenz.
Wenn jemand, von dem bekannt ist, daß er nicht Flöte[16] spielen kann, behauptet, er sei gut darin, wird man ihn auslachen. Aber jeder, den man verdächtigt, kein guter Bürger zu sein, würde natürlich versichern, er sei es, weil man ihn sonst für verrückt hielte; denn er würde sich dadurch aus der menschlichen Gemeinschaft ausschließen.

Er würde riskieren, getötet zu werden. Vgl. 322d4-5.

Daß die Menschen zu Recht jedem politische Kompetenz zutrauen, will ich damit sagen.

Angesichts der heute in der Welt herrschenden politischen Zustände stellt sich die Frage, warum Zeus die allgemeinverbindliche politische Kompetenz, die Protagoras meint, nicht weltweit praktisch verordnet und durchgesetzt hat. „Völkerbund" und „Vereinte Nationen" sind sehr lobenswerte Versuche des Menschen, Zeus' Gedanken in die Praxis umzusetzen, haben aber bisher Kriege nicht verhindern können. Immerhin darf man hoffen, daß die Menschen so vernünftig sind, keinen neuen Weltkrieg daraus werden zu lassen. Der Glaube, die Entdeckung „universaler Werte"[17] werde die Menschheit vor einem selbstverschuldeten Untergang retten, ist naiv, da die Natur auf von Menschen erdachte (immer relative) Werte keine Rücksicht nimmt.

323c5-e3
Daß andererseits die Menschen nicht glauben, die politische Kompetenz sei von Natur aus oder automatisch wirksam, sondern sei lehrbar und müsse sorgfältig eingeübt werden, wenn man sie erreichen will, das will ich dir als nächstes zeigen.

---

[16] *aulós*, dem Klang nach eher der heutigen Oboe vergleichbar.
[17] Markus Gabriel: Moralischer Fortschritt in dunklen Zeiten. Universale Werte für das 21. Jahrhundert. Berlin 5. Auflage 2020. – Ähnliche (utopische) Gedanken schon in mehreren Büchern von Martha Nussbaum und Jürgen Habermas, der sie jedoch in seinem Alterswerk „Auch eine Geschichte der Philosophie" praktisch zurücknimmt.

Strafe dient der Resozialisierung.

Einen unverschuldet ins Unglück (z. B. Krankheit) geratenen Menschen will niemand bestrafen oder überreden, nicht krank zu sein, sondern man hat Mitleid mit ihm.
Wenn aber jemand etwas Gutes (das in ihm steckt) nicht nutzt, obwohl er das durch Anstrengung, Übung und Unterricht hätte erreichen können, nimmt man es ihm übel und bestraft und ermahnt ihn.

323e3-324a3
Dazu gehören Unrechttun, Gottlosigkeit und alles, was sich nicht mit der politischen Kompetenz (dem Sinn für friedliches Zusammenleben der Bürger) verträgt. Das wird getadelt, weil man es durch Anstrengung und Lernen hätte erwerben können.

324a3-d1
Strafe soll Täter (und potentielle Täter) lehren, nichts Unrechtes zu tun. Kein vernünftiger Mensch rächt ein Unrecht wie ein wildes Tier; denn das geschehene Unrecht wird damit nicht aus der Welt geschafft. Strafe dient vielmehr nur der Abschreckung, d. h. zur Verhinderung künftiger Straftaten.

> Heute ist aus der Justiz die Meinung zu hören, Strafe sei Rache und daher als unethisch abzulehnen. Es dürfe dem Staat nur um die Resozialisierung von Tätern gehen. Das führt dazu, daß Täter oft fast straflos davonkommen oder nach kurzer Zeit wieder frei sind, während ihr Opfer lebenslang im Rollstuhl sitzt oder für immer tot ist. Politik und Justiz halten das anscheinend für „verhältnismäßig" und gerecht.
>
> Protagoras meint dagegen, Strafen würden kaum noch nötig sein, wenn der Staat von vornherein bemüht ist, durch konsequente Erziehung die dauerhafte Sozialisierung der Bürger zu erreichen, so daß möglichst alle die Einhaltung der Gesetze für selbstverständlich halten und die Androhung von Strafen nur eine zusätzliche Hilfe für schwache Charaktere ist, so daß Straftaten eine seltene Ausnahme sind. Vermutlich teilt er Zeus' Auffassung, Menschen, die sich als nicht sozialisierbar erwiesen haben, müsse der Staat nicht ertragen, sondern seien durch Ausweisung oder Tod aus der Gemeinschaft auszuschließen.

Das beruht auf dem Gedanken, daß Strafe eigentlich Erziehung und Belehrung bedeutet, d. h. daß Tugend (*areté*, 324b6) lehrbar ist.
Diese Meinung teilen alle, die im privaten und öffentlichen Bereich einen Menschen bestrafen, von dem sie glauben, er habe etwas Unrechtes getan. Das gilt auch für die Athener, deine Mitbürger.

Zweiter Teil des Gesprächs: Tugend ist grundsätzlich lehrbar

Daraus kann man ersehen, daß sie die Tugend zu Recht für lehrbar (324c5) halten und deswegen einfache Bürger in der Politik mitreden lassen. Diese Tatsache ist, wie ich glaube, ein hinreichender Beweis, daß sie die *areté* für lehrbar halten.

> Protagoras hätte hinzufügen können, daß damals in der Demokratie kein Bürger verpflichtet war, sich – über die selbstverständliche Erziehung in der Familie hinaus – gegen Bezahlung von jemand hinsichtlich der Tugend belehren zu lassen. Bekanntlich ist das heute (außer beim Führerschein) nicht anders.

Tugend ist lehrbar. Das beweist die funktionierende Demokratie.

324d2-325a5

Nun zu deinem Zweifel (an der Lehrbarkeit der Tugend). Du behauptest, daß die Söhne guter Männer mißraten, weil ihre Väter die Tugend nicht für lehrbar halten und deswegen nicht versucht haben, ihre Söhne entsprechend zu erziehen oder durch andere erziehen zu lassen.

Du wirst doch einsehen, daß ein (demokratischer) Staat nicht funktionieren kann, wenn darin nicht Gerechtigkeit, Besonnenheit und Frömmigkeit zusammengefaßt als Tugend (*areté* = politische Kompetenz) die Grundlage sind.

325a5-c4

Wer sich nicht danach richtet, sei es Mann, Kind oder Frau, wird belehrt und bestraft, bis er sich gebessert hat. Bei wem das nicht gelingt, der wird als unheilbar aus dem Staat ausgestoßen oder getötet.

> Frauen und Kinder hatten damals wahrscheinlich weniger Gelegenheit, zu Verbrechern zu werden, als heute.

Und da sollen deine guten Männer – angesichts des zu erwartenden Schadens für das Ansehen der Familie – nicht versucht haben, ihre Söhne zum Guten zu erziehen oder erziehen zu lassen?
Man muß es doch annehmen (daß sie alles versucht haben).

> Protagoras ist zwar von der Lehrbarkeit der Tugend überzeugt, aber er weiß natürlich, daß Erziehung nicht immer gelingt, weil manche Menschen ihrer Natur nach schwer oder gar nicht erziehbar sind.
> Heute gibt es die Meinung, daß sie immer gelingen würde, wenn die sozialen Verhältnisse besser wären.

325c5-326e1

Sobald ein Kind nach seiner Geburt verstehen kann, was man ihm sagt, lehren es Kinderfrau und Mutter, später ein älterer Sklave und der Vater,

Recht und Unrecht zu unterscheiden und ebenso was gut und was schlecht ist. Und wenn es nicht gehorcht, können Drohungen und Schläge nötig sein. Der „Klaps", der heute in Deutschland und anderen Staaten verboten ist, galt früher als erlaubtes letztes Mittel, um einem uneinsichtigen („bockigen") Kind klarzumachen, daß friedliches Zusammenleben nur funktionieren kann, wenn die Freiheit des Einzelnen nicht grenzenlos ist. Da inzwischen auch seelische Gewalt verboten ist („gewaltfreie Erziehung"), ist es nicht erstaunlich, daß Kinder als Jugendliche und später auch als Erwachsene die Polizeigewalt, die bei Demonstrationen das Plündern von Läden und andere Straftaten verhindern soll, für rechtswidrig halten und gewalttätig dagegen vorgehen.

Was heißt Lernen?

In der Schule lernt das Kind, Ordnung (*eu-kosmía* 325e1) zu halten, und muß lehrreiche Dichtungen lesen und verstehen. Durch das Spielen eines Musikinstruments lernt es, sich zu konzentrieren (*sophrosýne* 326a4 „Besonnenheit") durch genaue Beachtung zeitlicher und akustischer Strukturen.

Beim Sport lernt es, daß die Körpererziehung die Voraussetzung ist für einen klaren Kopf (*diánoia chresté* 326b7, „gutes Denken").

Schließlich verlangt der Staat (vom Erwachsenen) Kenntnis der Gesetze (326c7) und entsprechendes Verhalten und straft, wenn jemand Gesetze übertritt.

326e2-5

Wenn Familie und Staat so viel Mühe für die Tugend aufwenden, wie kannst du dich dann darüber wundern und zweifeln, ob die Tugend lehrbar ist? Man müßte sich eher wundern, wenn sie nicht lehrbar wäre.

Warum Söhne guter Männer mißraten können.

326e6-327a7

Nun will ich dir noch erklären, warum viele Söhne guter Männer mißraten. Daß es sich so verhält, ist nicht erstaunlich.

Im Staat muß jeder wissen, was Tugend ist (und sich danach verhalten). Aber wie bei jedem lehrbaren Fach hängt das Ergebnis von der Qualität des Schülers (und des Lehrers) ab.

> Beim Musikunterricht muß der Lehrer Fachmann für Musik sein und wird nur Schüler annehmen, die für die Musik begabt sind. Aber da Lehrer

unterschiedlich gute Fachleute und Schüler unterschiedlich begabt sind, gibt es als Ergebnis gute und schlechte Musiker.

Alle Bürger sind Tugendlehrer

327a8-c4
Doch sonst (im praktischen Leben) will jeder Bürger Lehrer für das Gerechte und Gesetzmäßige (*díkaia, nómima* 327b3) sein, weil Recht und Tugend allen (also auch ihm selbst) nützen.
> Sogar Verbrecher halten Gesetze für nützlich, weil sie dadurch vor anderen Verbrechern geschützt werden.

Wenn es so beim Musikunterricht zuginge, würde zwar ein zufällig von Natur aus sehr begabter (*eu-phyéstatos* 327b8) Schüler ein berühmter Musiker werden, aber es gäbe auch viele nicht berühmte.
Dabei wären die weniger guten immer noch bessere Musiker als diejenigen, die gar keinen Musikunterricht gehabt haben.
> Analog gibt es für die Politik gute und weniger gute Lehrer und begabte und weniger begabte Schüler. Die weniger begabten Schüler sind nicht nur die schwererziehbaren, sondern die einfachen Bürger, die zwar in der Volksversammlung entscheiden dürfen, wer regieren soll, aber nicht selbst für regierende Ämter qualifiziert sind. Heute sind das die Wähler, die nur Abgeordnete wählen dürfen.

327c4-e1
So würdest du, – wenn du unter Menschen leben müßtest, die keine Erziehung und keine Gerichtshöfe kennen und nicht gezwungen sind, sich um *areté* zu bemühen, also unter solchen Wilden, wie wir sie im Theater auf der Bühne gelegentlich erleben, – dich nach der (relativ geringen) Schlechtigkeit der hiesigen Menschen sehnen, wo es zwar Verbrecher gibt, die Menschen sich jedoch (im großen und ganzen) an die Gesetze halten.

327e1-328b1
Tatsächlich, Sokrates, kannst du Tugendlehrer mehr als genug finden, weil hier alle Menschen im Prinzip Tugendlehrer sind, ohne daß du sie als solche erkennst. So würdest du auch keinen Griechischlehrer finden und ebensowenig Lehrer für Handwerke, weil die Söhne das von ihrem Vater oder Freunden ihres Vaters lernen.
Darunter gibt es natürlich auch schlechte Lehrer, aber das ist immer noch besser als gar kein Unterricht.
So verhält es sich auch mit der Tugend und ganz allgemein. Wenn jemand ein etwas besserer Tugendlehrer ist, sollte man sich darüber freuen.

328b1-c2
Zu diesen glaube auch ich zu gehören und besser als andere zu verstehen, jemand „schön und gut"[18] zu machen. Daher lasse ich mich zu Recht bezahlen und verlange einen höheren Preis (als andere Sophisten), unter der Bedingung, daß der Schüler zustimmt. Meine Schüler dürfen nämlich, wenn sie wollen, in einem Tempel unter Eid erklären, welchen Preis sie für angemessen halten, und diesen zahlen.

> Von diesem Angebot hat vermutlich nie ein Schüler Gebrauch gemacht, weil er sich selbst dadurch geschadet hätte. Wer hätte sagen wollen, er sei Schüler des berühmten Protagoras, aber dessen Unterricht sei zu teuer? Da hätte ihn doch jeder gefragt, warum er dann nicht zu einem weniger berühmten Sophisten gegangen sei.

328c3-d2
So habe ich durch Mythos und rationale Rede (*logos*) dargelegt, daß Tüchtigkeit/Tugend (*areté*) lehrbar ist und die Athener es glauben und daß es nicht erstaunlich ist, wenn Söhne guter Väter mißraten und Söhne schlechter Väter gute Bürger werden.
Übrigens sollte man das Mißraten von Söhnen nicht abschließend verurteilen; denn für sie besteht Hoffnung, weil sie noch jung sind.

> Das entspricht dem heutigen Jugendstrafrecht.

Sokrates' Reaktion auf Protagoras' Rede
> Sokrates reagiert mit ironisch übertriebenem Lob, ist aber sachlich damit einverstanden.

328d3-e3
- **SOKRATES** (*zum Freund*): Damit beendete Protagoras seine Rede. Ich war eine ganze Weile wie bezaubert und erwartete, er würde fortfahren, und hätte ihm gern weiter zugehört.

> Den zweifellos lebhaften Beifall der Zuhörer nach dieser klar gegliederten und sachgerechten Rede erwähnt Sokrates nicht.
> „bezaubert" und „gern weiter zugehört" klingt, als ob Sokrates sagen wolle, die Rede sei so schön anzuhören gewesen, daß er auf den Inhalt gar nicht geachtet habe.[19] Das Kompliment ist ironisch formuliert, aber

---

[18] Die „Schönen und Guten" sind die gesellschaftliche Oberschicht.
[19] Als Zuhörer der Rede darf er das sagen, obwohl er als Erzähler die Rede wortgetreu wiedergegeben hat. In Platons *Symposion* werden alle dort gehaltenen

bedeutet, es sei eine gute Rede gewesen und er habe sehr genau zugehört.
Als ich merkte, daß er wirklich aufgehört hatte, bedankte ich mich bei Hippokrates für diesen Genuß.
SOKRATES (*zu Hippokrates*): Bisher dachte ich, kein Mensch könnte andere zu guten Menschen machen, jetzt aber bin ich davon überzeugt.

Da Sokrates selbst ständig Menschen zu besseren Menschen machen will, weiß er aus eigener Erfahrung, wie zutreffend Protagoras Absicht und Probleme der Erziehung zur Tugend beschrieben hat.

Protagoras hat vor dem Irrtum, man könne Tugend wie ein Handwerk lehren, gewarnt, weil es sich bei der Tugend um etwas anderes, nämlich um Charakterbildung handelt. Er hat daher auch nicht behauptet, er könne jeden Menschen bessermachen und jeder Versuch werde gelingen.

Sokrates kann also mit dieser Antwort auf die Frage, ob Tüchtigkeit/Tugend (*areté*) lehrbar ist, einverstanden sein, möchte aber nun wissen, was Protagoras unter T u g e n d versteht.

Dritter Teil des Gesprächs (329b5-335c8): Begriffsanalyse der Tugend.

Der Begriff „Tugend" faßt Einzeltugenden zusammen. Das Wort „Tugend" bedeutet daher zugleich Singular und Plural, d. h. Ober- und Unterbegriff. Als Singular ist es Metasprache und als Plural konkrete Sprache (Tapferkeit, Besonnenheit, Klugheit, Gerechtigkeit, Frömmigkeit usw.). – Mit Hilfe dieser Doppeldeutigkeit versucht Sokrates, Protagoras Widersprüche nachzuweisen.

Dabei benutzt er die Paradoxie, daß manche Entscheidungsfragen mit Ja und mit Nein beantwortet werden können. Wenn der Antworter Ja sagt, kann der Frager ihn fragen, ob Nein auch richtig ist, und wenn der Antworter wieder Ja sagen muß, hat er sich widersprochen.

328e3-b5
SOKRATES (*zu Hippokrates*): Nur eine Kleinigkeit stört mich. Politische Redner und Bücher antworten nicht, wenn man Fragen hat, oder Redner wie Perikles antworten mit einer langen Rede, wenn man eine kurze Frage stellt. Auch Protagoras kann schöne lange Reden halten, versteht

Reden von einem Erzähler, dem sie ein anderer erzählt hatte, wörtlich wiedergegeben.

sich aber ebensogut auf den raschen Wechsel von Fragen und Antworten.

Wie Alkibiades uns später verrät (336c6-d2), waren bei Streitgesprächen lange Reden, wenn der Antworter eine Frage nicht beantworten wollte oder konnte, ein Trick, um die Zuhörer vergessen zu lassen, wie die Frage lautete.

Wenn Sokrates sich jetzt kurze Antworten wie bei einem streng geregelten Streitgespräch wünscht, soll das vermutlich heißen, er möchte von Protagoras eine Definition der Tugend hören. Doch eine genaue Definition kann es nicht geben, weil die Tugend zahllose Einzeltugenden (gute Eigenschaften) umfaßt. Die vier sog. Kardinaltugenden sind ein sehr spezieller Versuch, diese Vielfalt in ein einfaches System zu bringen.

Ähneln sich die Teile der Tugend (die Einzeltugenden) untereinander wie die Teile des Gesichts oder die des Goldes?

Beide Vergleiche sind zutreffend; denn die Einzeltugenden unterscheiden sich einerseits voneinander durch ihre spezielle Funktion und eigene Namen wie „Gerechtigkeit" oder „Besonnenheit", sind aber andererseits alle dasselbe, nämlich Unterbegriffe des Oberbegriffs „Tugend". Beim Gold haben Teile und Ganzes denselben Namen, nämlich „Gold".

329b5-d2
SOKRATES (*zu Protagoras*): Beantworte mir noch eine kleine Frage. Du sagst, die Tugend sei lehrbar, und ich glaube dir. Aber bei deiner Rede ist für mich etwas offen geblieben; denn du sagtest, Zeus habe den Menschen Recht und Respekt geschickt und nanntest in deiner Rede Gerechtigkeit, Besonnenheit und Frömmigkeit, als ob sie zusammen die Tugend bilden. Ich möchte wissen, ob das T e i l e sind oder nur unterschiedliche N a m e n (329d1).

Für Protagoras gehört die Technik des Streitgesprächs zur Erziehung zum guten Bürger, weil man ohne rhetorische Übung (Anwendung von Tricks) und Erfahrung (Abwehr von Tricks des Gegners) kaum etwas in der Politik erreichen kann.

Für ihn ist daher die Forderung nach einer Definition der Tugend die Einladung, sich auf das Glatteis einer Begriffsanalyse zu begeben, bei der Sokrates versuchen würde, ihn in Widersprüche zu verwickeln. Da er aus Erfahrung weiß, wie solche Versuche aussehen, nimmt er die Einladung höflich an, läßt aber Sokrates nach und nach fühlen, daß sein Versuch vergeblich ist.

Dritter Teil des Gesprächs: Begriffsanalyse der Tugend

329d3-e2
PROTAGORAS: Das ist leicht zu beantworten. Es sind Teile der Tugend.
SOKRATES: Wie Mund, Nase, Augen Teile wie beim Gesicht sind oder wie sich beim Gold die Teile nur der Größe nach (vom Ganzen und untereinander) unterscheiden?

> Das ist eine Fangfrage, d. h. eine Entscheidungsfrage („a oder b?"), bei der sowohl a als auch b eine richtige Antwort ist. Protagoras soll dadurch veranlaßt werden, sich entweder für a oder für b zu entscheiden. Wenn er a sagt, kann Sokrates auf einem Schleichweg versuchen, ihm die Zustimmung zu b zu entlocken, und wenn das gelingt, hat Protagoras sich widersprochen.

PROTAGORAS: Wie Teile des Gesichts.

> Die Antwort liegt nahe, weil Mund, Nase und Augen eigene Namen wie die Einzeltugenden haben und daher jedenfalls sprachlich leichter zu unterscheiden sind als die Teile eines Goldklumpens, die alle den Namen Gold tragen.

329e2-330a4
SOKRATES: Haben die Menschen nur verschiedene Teile oder die ganze Tugend?

> Damit beginnt Sokrates einen Schleichweg, auf dem er Protagoras verleiten will, sich zu widersprechen.
> Kein Mensch kann alle Einzeltugenden (guten Eigenschaften) haben, nicht nur weil da unendlich viele denkbar sind, sondern auch weil manche nicht gut zusammenpassen, z. B. Mut und Sanftmut.

PROTAGORAS: Nur Teile, z. B. kann ein Verbrecher (*ádikos*) tapfer (*andreíos*) sein und einem Rechtstreuen (*díkaios*) kann Klugheit (*sophía*) fehlen.

> Danach kann ein Verbrecher, also jemand, dem die Tugend Gerechtigkeit (Rechtschaffenheit) fehlt, die Tugend Tapferkeit besitzen. Das sieht nach einem Widerspruch aus. Protagoras erklärt ihn 350c6-d2 als üblichen, aber falschen Gebrauch des Wortes Tapferkeit; denn strenggenommen dürfe man einen Verbrecher nicht tapfer nennen.
> Der entsprechende Widerspruch würde für einen Richter gelten, der sich strikt an den Wortlaut der Gesetze hält, dem aber die Klugheit fehlt, sie auf den konkreten Einzelfall richtig anzuwenden.
> 333b7-c9 will Sokrates von Protagoras wissen, ob ein Verbrecher die Tugend Besonnenheit haben kann.

SOKRATES: Sind Tapferkeit und Klugheit Teile der Tugend?

PROTAGORAS: Ja, sehr wichtige, aber die Klugheit (*sophía*) ist der allerwichtigste.
> Der Mensch braucht Klugheit, um die richtigen Entscheidungen zu treffen, er braucht aber auch Tapferkeit, um das durchzusetzen, was die Klugheit entschieden hat.

Jede Einzeltugend ist anders?
> Sokrates läßt sich von Protagoras dreimal bestätigen, daß alle Einzeltugenden verschieden sind. Das ist eine Falle; denn anschließend werde Protagoras, hofft er, zugeben, daß manche identisch sind, sich also nur dem Namen nach unterscheiden.

SOKRATES: Jeder Teil ist anders?
PROTAGORAS: Ja.

330a4-b3

SOKRATES: Jeder Teil hat eine eigene spezielle Fähigkeit (*dýnamis*) wie die Teile des Gesichts?
PROTAGORAS: Ja.

330b3-e2

SOKRATES: Also ist kein anderer Teil dasselbe wie die Klugheit (*epistéme*) oder die Gerechtigkeit oder Besonnenheit oder Frömmigkeit? Jeder Teil ist ein eigenes Ding (*pragma*)?
> Jede Tugend ist anders, d.h. alle sind verschieden voneinander wie die Teile des Gesichts.

PROTAGORAS: Ja.
> Protagoras kann sich denken, daß er durch diese Wiederholungen auf „Verschiedenheit" festgelegt werden soll, weil Sokrates ihn irgendwie zwingen will, die „Gleichheit" von Einzeltugenden zuzugeben und sich damit zu widersprechen.

Sokrates führt einen fiktiven „Jemand" als Frager ein.
> Platon läßt Sokrates einen Dritten fingieren, um die Frage, ob die Einzeltugenden verschieden sind, noch zweimal wiederholen zu können und Protagoras damit ein viertes und fünftes „Ja" zu entlocken.

SOKRATES: Wenn uns jemand fragt:
„Klugheit (*epistéme=sophía*), Gerechtigkeit, Besonnenheit und auch Frömmigkeit sind also nicht identisch? Gerechtigkeit (330c1) ist also nur Gerechtigkeit und nichts anderes?" Was würdest du antworten?
PROTAGORAS: Ja, nichts anderes (c7).

Dritter Teil des Gesprächs: Begriffsanalyse der Tugend 45

SOKRATES: „Und die Frömmigkeit (d2) ist nur Frömmigkeit?" Was würdest du antworten?"
PROTAGORAS: Ja, so ist es (e2).
> Protagoras bleibt höflich und fragt nicht, ob Sokrates nur tautologische Fragen einfallen.

330e3-331a5
SOKRATES: Und wenn er weiterfragt, ob wir gesagt haben, die Teile der Tugend seien ganz verschieden (wie Teile des Gesichts), würde ich antworten: „Das hat Protagoras gesagt, ich habe nur gefragt."
PROTAGORAS: Ja, das (daß sie verschieden sind) habe ich gesagt.
> Protagoras spielt weiter mit und fragt sich, wann und wie Sokrates ihn (nach diesem fünf- bzw. sechsfachen Ja zur „Verschiedenheit") zwingen will, die „Gleichheit" von Einzeltugenden zuzugeben.

Sokrates glaubt, Protagoras sitze in der Falle.

331a6-c3
SOKRATES: Was würden wir antworten, Protagoras, wenn er als nächstes fragt, ob die Gerechtigkeit nicht fromm, sondern gottlos ist? Ich würde antworten, Gerechtigkeit und Frömmigkeit gehören zusammen, und an deiner Stelle würde ich antworten, sie sind i d e n t i s c h oder einander s e h r ä h n l i c h. Würdest du das akzeptieren?
> Protagoras kann sich nur wundern, wie Sokrates glauben kann, er werde auf diesen billigen Trick hereinfallen; denn er soll zugeben, daß manche Eigenschaften so gut wie identisch sind, womit seiner sechsfachen Aussage, sie seien „verschieden" widersprechen würde.

PROTAGORAS: Nein. Sie sind nicht identisch, sondern irgendwie verschieden. Aber wenn du willst, kannst du auch von Identität sprechen.
> Protagoras antwortet natürlich mit Nein, weil er sich mit Ja widersprechen würde. Sein scheinbar entgegenkommendes Angebot, von Identität zu sprechen, ist eine Falle für Sokrates; denn wenn Sokrates das Angebot annimmt, würde er sich auf „Identität" festlegen, was ein Fehler wäre, weil die Einzeltugenden als Unterbegriffe nicht nur gleich, sondern auch verschieden sind.

331c3-d1
SOKRATES: Dein „wenn du willst" sollten wir nicht gelten lassen, sondern sollten klar unterscheiden.
> Mit dieser Forderung möchte Sokrates Protagoras verleiten, sich auf „identisch" einzulassen, um ihm einen Widerspruch zu „verschieden" vor-

werfen zu können. Daß Sokrates eine eindeutige Antwort verlangt, ist ein weiterer rhetorischer Trick, um den Gegner auf eine Meinung festzunageln, die er nicht oder nur halb vertritt.

Wenn in einem in den USA spielenden Kriminalfilm der Ankläger den Angeklagten fragt, ob er am Tatort war, und dieser antwortet, zur Tatzeit sei er nicht dort gewesen, sondern nur einmal vor zwanzig Jahren, erklärt der Ankläger, er habe nicht nach der Zeit gefragt und der Angeklagte solle mit „Ja" oder „Nein" antworten, damit dieser „Ja" sagen muß.

331d1-332a4
PROTAGORAS: Hier geht es doch um Ähnlichkeit (*pros-éoiken*, „ist ähnlich"). So sind schwarz≠weiß ebenso wie hart≠weich Gegensätze, aber zwischen ihnen gibt es viel Ähnliches (d.h. Zwischenstufen).
Es gibt unterschiedliche Grade von Ähnlichkeit.

Zwischen schwarz und weiß gibt es eine Skala von grauen Zwischenstufen, die den Enden der Skala unterschiedlich ähneln. Ein sehr dunkles Grau kann fast schwarz aussehen, eine sehr helles Grau fast weiß. Es gibt daher in der Sprache zahllose Gegensätze zu schwarz bzw. weiß.

SOKRATES: Meinst du, Gerechtigkeit und Frömmigkeit seien sich nur wenig ähnlich?

Sokrates scheint weiter zu hoffen, Protagoras werde zugeben, daß man statt „sehr ähnlich" auch „identisch" sagen könne.

PROTAGORAS: Das will ich nicht sagen, aber sie sind einander auch nicht so (ähnlich), wie du zu glauben scheinst.

Für Protagoras sind sie jedenfalls nicht so ähnlich, daß man von Identität sprechen könnte.

SOKRATES: Da du Probleme damit zu haben scheinst, wollen wir das lassen und zu anderem von dir Gesagtem kommen.

Sokrates sieht ein, daß Protagoras auf seinen mit „fast ähnlich = identisch" versuchten Trick nicht hereinfällt, tut aber so, als ob Protagoras ihn nicht verstanden habe, und unternimmt einen neuen Versuch.
Diesmal glaubt er, mit dem Begriff „Gegensatz" zum Ziel zu kommen und Protagoras einen Widerspruch nachweisen zu können.

„Gegensatz" als Begriff und „Gegensätze" in der Sprache.

In der Sprache sind viele Gegensatzpaare allgemein üblich wie z.B. schwarz≠weiß, stark≠schwach, schnell≠langsam und ebenso kontradiktorische Gegensätze wie z.B. besonnen≠unbesonnen. Das sieht nach einer Regel aus, als ob es zu jeder Eigenschaft nur einen Gegensatz gibt. Doch

Dritter Teil des Gesprächs: Begriffsanalyse der Tugend 47

in der Sprache gibt es zu Eigenschaften meist m e h r e r e Gegensätze, zu schwarz und weiß z. b. die genannten viele Grautöne, oder zu „besonnen" die Gegensätze „unvorsichtig, leichtsinnig, vorschnell".

Wenn also jemand behauptet, zu jeder Eigenschaft gebe es immer nur e i n e n Gegensatz, muß man ihn nur fragen, ob in der Sprache eine Eigenschaft mehrere Gegensätze haben kann. Das müßte er bejahen und hätte sich damit widersprochen.

Das ist die Paradoxie, daß sowohl die Aussage „nur einen" als auch die Aussage „mehrere" richtig ist, weil es sich bei der ersten um den abstrakten Formalismus x ≠ y[20] handelt, bei der zweiten dagegen um die Praxis der konkreten Sprache, in der zu e i n e m x (z. B. weiß) oft m e h r e r e Wörter als Gegensätze vorkommen (z. B. schwarz, grau, rot usw.).

Dieser metasprachliche Formalismus (der auch heute noch in der Wissenschaftstheorie Schwierigkeiten zu bereiten scheint) wird von Sokrates unbewußt benutzt und von Protagoras ebenso unbewußt anerkannt. Beide scheinen sich nicht klar zu sein, daß sie damit eine abstrakte metasprachliche Ebene anerkennen, was zu Paradoxien führen kann, wenn man sie mit der konkreten Sprache vermischt.

Das bekannteste Beispiel für diese Vermischung ist die sog. Lügner-Paradoxie (Ein Kreter behauptet „Kreter lügen" und sagt damit, daß seine Behauptung eine Lüge ist.). Protagoras und Sokrates haben sie natürlich gekannt, aber sie galt damals wahrscheinlich als Scherzrätsel, dessen Auflösung durch Unterscheidung zwischen Metasprache und konkreter Sprache man noch nicht erkannte.

332a4-6
SOKRATES: Der Gegensatz zur Unbesonnenheit (*a-phrosýne*) ist Klugheit (*sophía*)?
PROTAGORAS: So scheint es mir (a5).

Protagoras antwortet nicht mit Ja, sondern stimmt nur halbherzig zu, weil er ebensogut Nein sagen könnte. Einerseits muß er Unbesonnenheit≠Klugheit als Gegensatzpaar anerkennen, andererseits muß er damit rechnen, daß Sokrates ihn nun (und erneut 333b1-2) fragen wird, ob auch Unbesonnenheit (*a-phrosýne*) und Besonnenheit (*sō-phrosýne*)[21] einander entgegengesetzt sind, und ihm das zwangsläufige Ja als Widerspruch ankreiden will.

Sokrates hat das tatsächlich vor, fürchtet aber, Protagoras werde nicht dar-

---

[20] Vgl. Vorbemerkung 14. Gegensatz als Begriff und Gegensätze in der Sprache.
[21] *sōs* = gesund.

auf hereinfallen, wenn die Frage gleich folgt, und pirscht sich daher vorsichtig und umständlich heran, nämlich u. a. durch tautologische Fragen, auf die der Antworter mit Ja antworten muß.

Das ist offensichtlich ein rhetorischer Trick: Der Antworter soll sozusagen daran gewöhnt werden, Ja zu sagen, damit er, wenn er irgendwann eigentlich Nein sagen müßte, bei dem eingeübten Ja bleibt.

332a6-b6
SOKRATES: Und wenn Menschen richtig und nützlich handeln, sind sie besonnen (*sōphronein*) oder entgegengesetzt (d. h. unbesonnen)?
PROTAGORAS: Besonnen.
SOKRATES: Durch die Besonnenheit (*sōphrosýne*) sind sie besonnen (*sōphronoũsin*, „sie sind besonnen")?

Das ist eine tautologische Frage, der weitere folgen.

PROTAGORAS: Zwangsläufig.
SOKRATES: Die unrichtig Handelnden handeln unbesonnen (*aphrónōs*) und nicht besonnen (*sōphronoũsin*)?
PROTAGORAS: Das scheint auch mir so.
SOKRATES: Unbesonnen (*aphrónōs*) zu handeln und besonnen (*sōphrónōs*) zu handeln sind also einander entgegengesetzt?
PROTAGORAS: Ja.
SOKRATES: Was unbesonnen (*aphrónōs*) getan wird, geschieht also durch Unbesonnenheit (*aphrosýne*), was besonnen (*sōphrónōs*) getan wird, durch Besonnenheit (*sōphrosýne*)?

Zwei tautologische Fragen.

PROTAGORAS: Ich stimme zu.

332b6-c3
SOKRATES: Die Stärke handelt stark, die Schwäche schwach, die Schnelligkeit schnell, die Langsamkeit langsam?
Was ebenso getan wird, wird von demselben getan? Was entgegengesetzt getan wird, wird von entgegengesetztem getan?

Das sind sechs tautologische Fragen.

PROTAGORAS: Ja.

Eine überraschende für beide nicht ganz durchsichtige Übereinstimmung.
332c3-9
SOKRATES: Der Gegensatz zu „schön" ist „häßlich", zu „gut" ist „schlecht", bei der Stimme zu „hoch" ist „tief"? Da gibt es doch zu jedem Gegensatz nur e i n e n Gegensatz und nicht viele.

Dritter Teil des Gesprächs: Begriffsanalyse der Tugend

Sokrates muß meinen, daß die drei Beispiele einer gemeinsamen Regel folgen. Er scheint das irgendwie zu erkennen, ohne sich dessen bewußt zu sein. – Heute würde man sagen, es seien in konkreter Sprache ausgedrückte Beispiele für den abstrakten Formalismus $x \neq y$.

PROTAGORAS: Ich stimme zu.

Protagoras könnte Nein sagen und zu „schön" die Zwischenstufe „weniger schön" als Gegensatz nennen, so wie der Gegensatz zu „weiß" auch „grau" statt „schwarz" sein kann (vgl. 331d1-332a4).

Doch er stimmt zu, weil er die von Sokrates genannten drei Gegensatzpaare wie Sokrates unbewußt als Beispiele für etwas Gemeinsames hält. – Der abstrakte Formalismus $x \neq y$ ist sozusagen der Oberbegriff, der alle sprachlichen Gegensatzpaare zusammenfaßt.

332d1-e5

SOKRATES: Wir wollen das Eingestandene zusammenrechnen. Wir sind übereingekommen, daß es zu jedem Gegensatz nur **einen** und nicht mehrere Gegensätze gibt?

PROTAGORAS: Wir sind übereingekommen.

Sie sind sich einig, daß die genannten sprachlichen Gegensatzpaare eine gemeinsame Form haben. Diese Übereinkunft ist nur zu verstehen, weil beide unbewußt zu dem im Begriff „Gegensatz" steckenden Formalismus $x \neq y$ übergegangen sind. Obwohl dieser nirgendwo von Sokrates und Protagoras direkt angesprochen wird, scheinen beide unbewußt irgendwie damit zu rechnen.

Da Sokrates „zusammenrechnen" will, erwartet man, er werde als Fazit den Widerspruch zwischen den beiden Sätzen nun Protagoras als Widerspruch vorwerfen. Er könnte die Übereinkunft als Sieg deuten, weil Protagoras damit zugegeben habe, sich widersprochen zu haben. Doch er geht darüber hinweg als sei nichts geschehen und setzt den begonnenen Schleichweg einfach fort.

Die „Übereinkunft" ist also auch für Platon nur eine beiläufige Erkenntnis, deren Bedeutung für den Kontext ihm nicht klar ist.

SOKRATES: Und daß entgegengesetzt Getanes durch Entgegengesetztes getan wird?

Das ist wieder eine tautologische Frage, die mit Ja beantwortet werden muß.

PROTAGORAS: Ja.

SOKRATES: Und daß, was unbesonnen getan wird, dem entgegengesetzt ist, was besonnen getan wird?

Auch das ist eine Frage, die mit Ja beantwortet werden muß; denn „unbesonnen" und „besonnen" sind unbestreitbar ein (kontradiktorischer) Gegensatz.
PROTAGORAS: Ja.
SOKRATES: Und daß, was besonnen getan wird, durch Besonnenes getan wird, ebenso was unbesonnen getan wird, durch Unbesonnenes getan wird?
Das ist wieder eine tautologische Frage.
PROTAGORAS: Ja.
SOKRATES: Also wenn etwas entgegengesetzt getan wird, wird es von Entgegengesetztem getan?
Erneut eine tautologische Frage.
PROTAGORAS: Ja.
SOKRATES: Das eine wird durch Besonnenheit, das andere durch Unbesonnenheit getan?
Zwei tautologische Fragen: Besonnenes wird durch Besonnenheit getan, Unbesonnenes durch Unbesonnenheit.
PROTAGORAS: Ja.
SOKRATES: Entgegengesetzt?
Die Richtungen sind einander entgegengesetzt.
PROTAGORAS: Ja.
SOKRATES: Unbesonnenheit und Besonnenheit sind einander entgegengesetzt?
Ein kontradiktorischer Gegensatz kommt (durch die unterscheidende Negation) dem Formalismus x ≠ y äußerlich näher als konträre Gegensätze wie wie Besonnenheit ≠ Dummheit oder weiß ≠ schwarz.
PROTAGORAS: So scheint es (*phaínetai* e5).
Protagoras will wohl ein eindeutiges Ja vermeiden, weil er nicht bestreiten kann, daß zwischen den sprachlichen Gegensätzen und ihrem gemeinsamen Oberbegriff so etwas wie ein Widerspruch besteht.
phaínetai kann „so scheint es" und „so zeigt es sich" bedeuten. Schleiermacher „Das ist klar", Apelt „Allem Anschein nach", Manuwald „Offenbar".

Sokrates glaubt, die Falle zuklappen zu können.

332e5-333a1

SOKRATES: Erinnerst du dich, daß wir uns vorhin einig waren, Unbesonnenheit (*aphrosýne*) und Klugheit (*sophía*) seien einander entgegengesetzt?
Und (auch) daß eins nur einen Gegensatz hat?

Dritter Teil des Gesprächs: Begriffsanalyse der Tugend 51

PROTAGORAS: Ja.
> Protagoras kann mit Ja antworten, weil beide Sätze richtig sind, aber sich als Sprache und Metasprache unterscheiden.

333a1-b6

SOKRATES: Was wollen wir aufgeben?
(1) Den Satz, daß es zu allem nur e i n e n Gegensatz gibt?
> Das ist Metasprache, d. h. der Formalismus x ≠ y.

(2) Oder unsere Behauptung, daß Besonnenheit (*sophrosýne*) und Klugheit (*sophía*) als Teile der Tugend verschieden und einander unähnlich sind wie die Teile des Gesichts?
> Das ist konkrete Sprache.

Die beiden Sätze widersprechen sich; denn wenn jedes nur e i n e n Gegensatz hat, wie kann dann der Unbesonnenheit (*aphrosýne*) sowohl die Klugheit als auch die Besonnenheit entgegengesetzt sein?

- **SOKRATES** (*zum Freund*): Protagoras stimmte sehr ungern zu.
  > Protagoras könnte nicht bestreiten, daß die beiden Sätze sich nach dem Wortlaut widersprechen, muß sich aber fragen, ob Sokrates die Vielfalt der konkreten Sprache, in der man jede beliebige Differenz zum Gegensatzpaar machen kann, bewußt ignorieren will. Er scheint daher zunehmend zu zweifeln, daß eine Fortsetzung des Gesprächs noch sinnvoll ist und antwortet daher nur zögernd.
  >
  > Sokrates deutet das als Zeichen, Protagoras merke bereits, demnächst seine rhetorische Niederlage offen zugeben zu müssen.

SOKRATES: (*zu Protagoras*) So sind also Besonnenheit und Klugheit identisch, und vorhin zeigte sich, daß Gerechtigkeit und Frömmigkeit beinahe identisch sind.
> Protagoras hatte „vorhin" (331e6-332a1) abgelehnt, bei Einzeltugenden von „Identität" zu sprechen, und hatte nur „Ähnlichkeit" und deren unterschiedliche Grade als zutreffend anerkannt.
>
> Mit „beinahe" (*schedón*) gibt Sokrates zu, daß Gerechtigkeit und Frömmigkeit nicht identisch, sondern sich nur ähnlich sind, sich also irgendwie unterscheiden. Daher können sie einen gemeinsamen Oberbegriff („Tugend") haben und zugleich kann in der Sprache jeder der beiden Begriffe einen oder mehrere Gegensätze haben. Wenn die Sprache kein eigenes Wort für den Gegensatz zu x hat, läßt sich auf jeden Fall der kontradiktorische Gegensatz bilden, hier „Ungerechtigkeit" bzw. „Unfrömmigkeit".

Ein neuer Versuch, Protagoras einen Widerspruch nachzuweisen.
Sokrates hat erkannt, daß Protagoras die Identität von Besonnenheit und Klugheit nicht zugeben muß, und unternimmt deswegen einen neuen Versuch, ihm einen Widerspruch nachzuweisen, mit dem in der Sprache möglichen Gegensatzpaar „besonnen ≠ verbrecherisch".

Protagoras hatte 329e5-6 das Gegensatzpaar „tapfer ≠ verbrecherisch" als sprachlich möglich genannt.

333b7-c9

Laß uns weitermachen. Ist jemand, der Unrecht tut, beim Unrechttun besonnen?

Wenn jemand Verbrechen begeht, kann man fragen, ob man ihm die Tugend Besonnenheit zusprechen darf.

Das entspricht der Frage, ob ein Verbrecher tapfer sein kann.

PROTAGORAS: Ich meine Nein, „die Vielen" (die meisten Menschen) dagegen sagen Ja.

Protagoras distanziert sich damit vom Sprachgebrauch der Vielen. Jetzt könnte er erklären, er habe 329e5-6 sozusagen die Vielen zitiert; denn seiner eigenen Meinung nach könne niemand Tugenden wie Tapferkeit oder Besonnenheit haben und zugleich ein Verbrecher sein. Das sei zwar sprachlich möglich, aber mit dem Begriff der Tugend nicht vereinbar.

SOKRATES: Soll ich sie fragen oder dich?

Diese Frage ist eine Falle, weil Protagoras den Sprachgebrauch der Vielen für falsch hält und sich bereits davon distanziert hat. Wenn er zuläßt, die Vielen zu befragen, muß er damit rechnen, Sokrates werde mit Hilfe des Gegensatzpaares „besonnen ≠ verbrecherisch" beweisen wollen, daß die Vielen sich widersprechen, und ihm diesen Widerspruch anlasten.

PROTAGORAS: Wenn du willst, wende dich zuerst gegen das, was die Vielen sagen.

Protagoras, der die angebotene Wahl auf Grund seiner Erfahrung natürlich als Trick durchschaut, geht darauf ein, weil er weiß, daß Sokrates das Spiel durch eine Widerlegung der Vielen nicht gewinnen kann. Sokrates würde nur Protagoras' Meinung bestätigen, daß die Vielen sich irren, statt i h m einen Widerspruch nachzuweisen.

SOKRATES: Es genügt mir, wenn du als Antworter deren Meinung vertrittst, auch wenn du anderer Meinung bist.
Ich will nur eine Antwort auf die Frage (ob Unrechttun und Besonnenheit zusammenpassen), aber das kann zugleich eine Prüfung für Frager und Antworter sein.

Dritter Teil des Gesprächs: Begriffsanalyse der Tugend

Sokrates scheint immer noch zu glauben, er könne Protagoras irgendwie zwingen, sich zu widersprechen.

333d1-3
• **SOKRATES** (*zum Freund*): Protagoras zierte sich zunächst und sagte, das bedürfe einer schwierigen Rede (*logos dys-cherēs*), aber war dann doch bereit zu antworten.

> Manuwald S. 275 scheint „schwierig" für ernstgemeint zu halten, aber da Protagoras sich von der Meinung der Vielen gerade erst distanziert hat und die Frage damit beantwortet ist, muß er die Wiederholung der Frage als Zumutung empfinden. Daher ist „schwierig" ironisch zu verstehen und bedeutet „sehr leicht".

333d3-8
SOKRATES (*zu Protagoras*): Komm also und antworte zuerst. Halten manche Menschen Unrechttun und Besonnenheit für vereinbar?
PROTAGORAS: Das sei so.

> Sprachlich sind sie vereinbar, aber begrifflich ist das ein Widerspruch, weil Besonnenheit eine Tugend ist, und Verbrechen und Tugend nicht vereinbar sind. Ein Einbrecher kann daher nicht besonnen, sondern nur vorsichtig sein.

Sokrates setzt seinen Schleichweg fort und führt den Begriff „gut" ein.
SOKRATES: Unter Besonnensein (*sō-phronein*) verstehst du zutreffendes Denken (*eu phronein*)?

> Mit *eu* („gut", Adverb) geht Sokrates unauffällig zu „gut" (*agathón*) über; denn das Adverb *eu* kann als wertneutrales „zutreffend" verstanden werden, aber auch als ethisch wertendes „gut". Manuwald S. 272 spricht von Ambivalenz.

PROTAGORAS: Ja.
SOKRATES: Und zutreffendes Denken (*eu phronein*) ist das Wohlberatensein (*eu bouleúesthai*) bei ihrem Unrechttun?
PROTAGORAS: Ja.
SOKRATES: Gibt es „G u t e s" (*agathá*, neutr. plur.)?
PROTAGORAS: Ja.

333d8-e2
SOKRATES: Ist Gutes (*agathá*) etwas, das den Menschen nützlich ist?

> Wenn Protagoras auch auf diese Frage „Ja" antwortet, kann Sokrates fragen: „Kann Unrechttun nützen?" Und wenn Protagoras „Ja, dem Täter"

antwortet, könnte Sokrates weiter fragen „Also ist Unrechttun gut?" und Protagoras müßte „Nein" antworten und hätte sich widersprochen.

Doch Protagoras, der „gut" für relativ (= nützlich) hält, durchschaut den Trick und reagiert anders als Sokrates erwartet.

PROTAGORAS (*ironisch*): Ja, bei Gott, sogar wenn etwas den Menschen nicht nützt, nenne ich es gut.

Menschen nennen gut, was ihnen nützt, aber oft auch etwas, das ihnen nicht nützt, sondern sogar schaden kann (wie heute z. B. das Rauchen).

333e2-334a2

- **SOKRATES** (*zum Freund*): Und mir schien Protagoras verwirrt zu sein, mit sich zu kämpfen und nicht mehr antworten zu wollen.
Ich fragte daher vorsichtig und ganz ruhig weiter.

Sokrates deutet Protagoras' ironisch heftige Reaktion („bei Gott") als Unsicherheit und scheint zu glauben, er habe Protagoras in die Enge getrieben.

SOKRATES (*zu Protagoras*): Meinst du, was keinem Menschen nützt oder was gar nicht nützlich ist, und das nennst du „gut"?

Sokrates unterscheidet relative und absolute Nützlichkeit und fragt, welche Protagoras für gut hält. Protagoras soll wählen. Da „relativ" und „absolut" sich widersprechen, wäre Protagoras gezwungen, sich zu widersprechen, wenn er sich auf die Wahl einläßt.

Doch Protagoras hat das unterhaltsame, aber unfruchtbare Geplänkel satt und will offen seine eigene Meinung sagen und klarstellen, was er selbst unter „nicht nützlich" und „nützlich" und „schlecht" und „gut" versteht.

334a3-b6

PROTAGORAS: Keineswegs; denn sowohl „nicht-nützlich" als auch „nützlich" ist relativ. Das gilt für Menschen und Tiere und Pflanzen und zeigt sich an der unterschiedlichen Nahrung. Öl kann z. B. manchmal gut und manchmal schlecht sein.

Protagoras nennt Beispiele aus Medizin, Tierhaltung und Gärtnerei und beweist damit, daß er sich im praktischen Leben und der Alltagssprache, wo „gut" meist dasselbe wie „nützlich" bedeutet, d. h. r e l a t i v ist, bestens auskennt.

334b6-c7

So ist auch „d a s G u t e" etwas B u n t e s und V i e l f ä l t i g e s.

Während der Idealist Sokrates „das Gute" für eine a b s o l u t e Instanz hält, ist es für den Realisten Protagoras immer r e l a t i v.

Beispielsweise kann ein Heilmittel zur äußeren Anwendung gut sein, zur inneren jedoch sehr schädlich. Kranken erlauben Ärzte daher Öl nur in ganz geringen Mengen zu sich zu nehmen.

> Damit ist Sokrates' Versuch, Protagoras mit Hilfe der Begriffe „Gegensatz" und „gut" einen Widerspruch vorwerfen zu können, gescheitert.
>
> Um das nicht zugeben zu müssen, will auch er das Gespräch beenden. Das scheint bei Streitgesprächen ein üblicher Trick zu sein, um einen Mißerfolg nicht eingestehen zu müssen und womöglich dem Gegner die Schuld am Scheitern des Gesprächs zuschieben zu können.

Erste Zwischenszene (334c8-338e6).
 Personen: Sokrates, Protagoras, Kallias, Alkibiades; Kritias, Prodikos, Hippias.

Sokrates fordert kurze Fragen und kurze Antworten.

334c8-335a8

• **SOKRATES** (*zum Freund*): Die Anwesenden spendeten lärmend Beifall, weil sie fanden, er habe gut gesprochen.

SOKRATES (*zu Protagoras*): Ich habe ein schlechtes Gedächtnis und kann langen Reden nicht folgen.

PROTAGORAS: Darauf sollte ich mich nicht einlassen; denn wenn ich, falls ich Ausführlichkeit für nötig halte, nicht ausführlich reden dürfte, wäre ich nie berühmt geworden.

> Schon 329a6-b1 hatte Sokrates getadelt, daß Redner öfter auf Fragen nicht mit einer kurzen klaren Antwort reagieren, sondern wie Protagoras mit einer langen Rede. Protagoras' Rede (334a3-c7), die Sokrates jetzt kritisiert, ist verglichen mit dessen mit dem Mythos beginnender Rede (320c7-328d2), die Sokrates geduldig angehört hatte, ausgesprochen kurz.

335a9-c8

• **SOKRATES** (*zum Freund*): Ich merkte, daß er mit seinen Antworten nicht zufrieden war und nicht weiter Antworter sein wollte, und nahm an, daß es für mich nicht lohne, weiter an dem Treffen teilzunehmen.

> Sokrates scheint einzusehen, daß es ihm kaum gelingen wird, Protagoras einen Widerspruch anzuhängen und ihn zum Glauben an das absolute Gute („das Gute") zu bekehren. Als er jetzt den Eindruck hat, Protagoras wolle das Gespräch abbrechen, möchte er ihm zuvorkommen.

SOKRATES (*zu Protagoras*): Du hältst lange Reden und ich kann dir deswegen nicht folgen. Ich habe eigentlich sowieso anderes vor und muß gehen, obwohl ich dir gern zuhöre.

> Er begründet seinen Entschluß, das Gespräch zu beenden und wegzugehen, mit seiner Vergeßlichkeit und einem anderen Vorhaben.
>
> Das glaubt ihm natürlich keiner der Zuhörer, weil er stets genau weiß, was sein Antworter kurz oder lange redend gesagt hat. Aber da es sich um einen bei Streitgesprächen wohl öfter angewendeten Trick des Fragers handelt, die erfolgreiche Abwehr einer Frage nicht eingestehen zu müssen, nehmen die Zuhörer es nicht ernst und gehen davon aus, Sokrates werde nach gutem Zureden einlenken und das Gespräch mit Protagoras werde weitergehen.

- **SOKRATES** (*zum Freund*): Damit erhob ich mich, als ob (oder: weil) ich weggehen wollte (*hōs apiōn*).

> Schleiermacher, Apelt, Taylor[22] und Manuwald verstehen *hōs apiōn* nicht als gespielten Vorwand („wie weggehend"), sondern als wirkliche Absicht („weil ich weggehen wollte"). Dagegen spricht Sokrates' späterer Vorschlag, auf jeden Fall weiterzumachen (338c6-e2).

Doch Kallias ergriff mich an Hand und Mantel, um mich festzuhalten.

Vorschläge von Zuhörern zum weiteren Verfahren.

335c8-336b6

KALLIAS: Ich lasse dich nicht gehen; denn du bist für uns ganz unentbehrlich. Nicht nur ich, sondern wir alle möchten hören, wie du und Protagoras miteinander redet.

SOKRATES: Ich würde dir gern gehorchen, weil ich weiß, daß du die Philosophie liebst. Aber ich würde mich damit sozusagen auf einen Wettlauf mit einem geübten Läufer einlassen, der viel schneller als ich ist. Da müßtest du schon den auffordern, langsamer zu laufen.

KALLIAS: Protagoras müßte doch sprechen können, wie er will, und du, wie du willst.

336b7-d5

ALKIBIADES: Das ist nicht richtig, Kallias. Wenn Sokrates behauptet, nur e i n e Gesprächstechnik zu beherrschen, während Protagoras sagt, er beherrsche beide, muß man doch Sokrates rechtgeben. Ich weiß natürlich, daß Sokrates es nicht ernst meint, wenn er sagt, er sei vergeßlich (d2-4).

---

[22] C. C. W. Taylor: Plato, *Protagoras*. Oxford 1976.

Platon läßt den sehr jungen (vgl. 309a) Alkibiades wie einen Erwachsenen auftreten und zugunsten von Sokrates sprechen. Alkibiades argumentiert zunächst wie ein neutraler Schiedsrichter, verrät sich aber, wie man heute sagen würde, als parteiischer Fan von Sokrates, wenn er dessen gutes Gedächtnis lobt.

336d6-e4
KRITIAS (*zu Prodikos und Hippias*): Kallias ist zu sehr für Protagoras und Alkibiades ist wie immer rechthaberisch. Wir sollten neutral sein und Sokrates und Protagoras bitten, unser Treffen nicht mittendrin abzubrechen.

> Bemerkenswert ist, daß für Kritias das Treffen als beendet gilt, wenn Sokrates weggeht, der doch uneingeladen mit Hippokrates gekommen war und drei Lehrveranstaltungen, die nun fortgesetzt werden könnten, unterbrochen hatte.

Eine kluge Ermahnung durch Prodikos.

337a1-c6
PRODIKOS: Du hast recht; denn für die Zuhörer bilden die beiden Redner zwar eine Gemeinschaft, sind aber nicht identisch.

> Das ist eine Unterscheidung von Oberbegriff (Gemeinschaft) und Unterbegriffen (einzelne Redner). Die Redner sind verschiedener Meinung, aber haben das gemeinsame Ziel, ein Problem zu klären.

Die Zuhörer sollten unterscheiden und mehr auf den Klügeren hören.

> Sie sollten nur die Argumente bewerten.

Die Redner sollten wie Freunde miteinander diskutieren und nicht wie Feinde gegeneinander streiten.

> Bei dem Gespräch sollte es um die Sache gehen und nicht um Sieg oder Niederlage.

Unser Beisammensein ist am schönsten, wenn ihr (die Redner) von uns nicht vordergründig gelobt werdet, sondern in unserer Achtung steigt.

> Die Redner sollten nicht den vordergründigen Beifall des Publikums suchen.

Ihr sollt uns etwas lehren und uns dadurch erfreuen, aber nicht bloßes Vergnügen (*hedoné*) bereiten wollen.

> Sie sollten die Zuhörer belehren und nicht nur unterhalten wollen.
>
> Nach Prodikos ist die Klärung von Wortbedeutungen kein Spiel, sondern lebenswichtig, weil das die Voraussetzung ist für vernünftige Lösungen bei privaten und politischen Auseinandersetzungen.

- **SOKRATES** (*zum Freund*): Sehr viele der Anwesenden zeigten ihre Zustimmung.

Auch Hippias mahnt zur Sachlichkeit und schlägt einen Mittelweg vor.

337c6-338b1

HIPPIAS: Man muß Natur und Gesetz unterscheiden. Wir sind hier auf Grund unserer Natur zusammengekommen und nicht einem Gesetz oder dem Befehl eines Tyrannen folgend.
Wir gelten als die klügsten Griechen und befinden uns sozusagen in Griechenlands wissenschaftlichem Amtssitz (*prytaneíon*) und sind im vornehmsten Haus dieser Stadt versammelt. Wir sollten uns dessen als würdig erweisen und uns nicht wie gemeines Volk zerstreiten.
Ich schlage daher vor, wir sollten wie Schiedsrichter entscheiden, daß Protagoras und Sokrates sich in der Mitte treffen, damit das Gespräch weder zu kurzgefaßt noch zu weitläufig ist.
Außerdem sollten wir einen Vorsitzenden wählen, der für die Einhaltung dieser Begrenzung sorgt.

338b2-c6

- **SOKRATES** (*zum Freund*): Das gefiel den Anwesenden und alle lobten ihn.

KALLIAS: Ich werde Sokrates nicht gehen lassen und wir sollten einen Vorsitzenden wählen.

SOKRATES: Es wäre unserer nicht würdig, einen Kampfrichter zu wählen; denn wenn er schlechter als wir wäre, würde ein Schlechterer über Bessere entscheiden,
und wenn er uns gleich wäre, würde er wie wir entscheiden, wäre also überflüssig.
Aber ihr würdet selbstverständlich einen Besseren wählen. Das könnte nur Protagoras sein; denn einen Schlechteren als ihn zu wählen, wäre eine Kränkung für ihn. Was mich betrifft, ist es mir glcich (wie ihr entscheidet).

338c6-e6

Aber ich mache folgenden Vorschlag, damit unser Gespräch weitergehen kann. Ich biete Rollentausch an und will durch meine Antworten zeigen, wie meiner Meinung nach Antworten sein sollten (d.h. kurz und klar). Danach könnten wir wieder tauschen, und er könnte bei seinen Antworten meinem Beispiel folgen.

Wenn er dazu nicht bereit ist, wollen wir ihn gemeinsam bitten, unsere Zusammenkunft nicht zu sabotieren. Dann brauchten wir keinen Vorsitzenden; denn die Aufsicht könntet ihr alle zusammen übernehmen.
• SOKRATES (*zum Freund*): Alle waren dafür. Nur Protagoras war dagegen, mußte aber trotzdem dem Rollentausch und Rücktausch zustimmen und versprechen, sich nach dem Rücktausch als Antworter auf kurze Antworten zu beschränken.

> Tatsächlich läßt Platon Protagoras nur eine einzige Frage (339a6-d9) stellen und Sokrates mit einer zusammenhängenden Rede (339e3-347a5) antworten, ohne daß Protagoras oder ein Zuhörer dagegen protestiert. Offensichtlich geht es Platon (wie auch sonst in seinen Dialogen) mehr um die Sache als um die Einhaltung der von Sokrates vorgeschlagenen Regel. Protagoras kann kaum entgangen sein, daß Sokrates ihn mit seinem Vorschlag für den drohenden Abbruch ihres Gesprächs verantwortlich macht, d. h. ihm den „Schwarzen Peter" zugeschoben hat. Man darf daher erwarten, daß er als Frager versuchen wird, das Sokrates irgendwie heimzuzahlen.

Vierter Teil des Gesprächs (338e6-347a5): Ein spielerischer Streit über ein Scherzgedicht.

> Protagoras zitiert ein damals allgemein bekanntes Gedicht des berühmten S i m o n i d e s.[23] Er behauptet, Simonides widerspreche sich darin, und fragt Sokrates, ob er das zugebe. Sokrates verteidigt Simonides und erklärt, es liege kein Widerspruch vor.
> Die Frage ist eine F a l l e ; denn sie ist ein S p i e l mit der M e h r d e u t i g k e i t von „sein" (*émmenai=einai*) und „werden" (*genéstai*), weil es verschiedene Wörter sind, die jedoch dasselbe bedeuten können; denn „werden" kann als Ziel „sein" implizieren und „sein" kann als Voraussetzung

---

[23] Simonides (ca. 557-468) war als Chorlyriker in Thessalien, Athen und Sizilien tätig. Das von Protagoras zitierte Gedicht war wahrscheinlich nicht für ein öffentliches Fest bestimmt, sondern ist ein sog. Skolion, das bei privaten Gastmählern (Symposien) gern gesungen wurde. Von ihm ist kein einziges Gedicht vollständig erhalten, aber er galt in der Antike noch mindestens sieben Jahrhunderte nach seiner Zeit (bei Cicero und dem Fabeldichter Phaedrus) als vielseitiger und geistreicher Dichter.

„werden" implizieren. – Auch kann man bei „sein" an begrenzte („Gast") oder unbegrenzte („Freund") Dauer denken.

Simonides kritisiert in dem Lied den Satz des weisen Pittakos:[24] „Es ist schwer (*chalepón*), gut zu sein".

Er unterstellt Pittakos, dauerndes „gut-sein" eines Mannes zwar für „schwer", aber für „möglich" zu halten, was Simonides selbst für „unmöglich" hält. Das ist ein Spiel mit der Mehrdeutigkeit von „schwer" als „schwer, aber möglich" oder „schwer, d. h. unmöglich".

Pittakos selbst hat diesen Satz wahrscheinlich als allgemeine Aufforderung zum „gut-sein" verstanden: „Man muß immer gut-sein wollen, auch wenn das schwerfällt".

In Mytilene hatte er die Erfahrung machen können, daß sogar ein Bürgerkrieg beendet werden kann, wenn alle Beteiligten „guten Willens" sind.

Sokrates will außerdem beweisen, Simonides habe durch diese Kritik an einer Berühmtheit selbst berühmt werden wollen. Auch das ist ein Spiel; denn Sokrates kann seine Ankündigung nicht ernstgemeint haben, weil er – wie nicht anders zu erwarten ist – aus dem Lied keine Stelle zitiert, an der Simonides das zugibt.

338e6-339a6

PROTAGORAS: Ich glaube, Sokrates, der größte Teil der Bildung (*paideía*) eines Mannes ist es, sich mit Dichtung auszukennen. Er soll beurteilen können, ob das von den Dichtern Gesagte richtig oder falsch gedichtet ist, und soll imstande sein, es zu erklären und auf Fragen zu antworten.

Und so wird es jetzt um dieselbe Frage gehen, über die wir geredet haben, nämlich die Tüchtigkeit/Tugend (*areté*), nur übertragen auf die Dichtung.

Im Folgenden geht es nicht um die Definition der *areté*, sondern um den Repräsentanten dieser *areté*, den „guten Mann".

339a6-d9

PROTAGORAS: Simonides sagt an einer Stelle in Bezug auf (*pros*) den Thessalier Skopas:[25]

---

[24] Pittakos, einer der sog. Sieben Weisen, hatte bald nach 600 in Mytilene (auf der Insel Lesbos) bürgerkriegsähnlichen Zuständen ein Ende bereitet.

[25] Skopas war ein kleinerer Tyrann in Thessalien (heute würde man sagen „Chef eines Familienclans"). Er war 515 mit seiner Familie durch den Einsturz der Decke seines Hauses umgekommen. Simonides, der als Gast im Hause war, wurde, wie man erzählte, vor dem Unglück herausgerufen (angeblich durch die Dioskuren).

Vierter Teil des Gesprächs: Ein spielerischer Streit über ein Scherzgedicht   61

„Ein guter (*agathós*) Mann zu w e r d e n ist wahrhaftig (*alethéōs*) schwer, ein Mann, der in jeder Hinsicht ohne Tadel ist (b1-3)."

> Simonides könnte sein Lied als eine Art Nachruf auf Skopas als tüchtigen Politiker und großzügigen Arbeitgeber für einen Chorlyriker verstanden haben.

Kennst du das Lied?
SOKRATES: Ja.
PROTAGORAS: Ist es schön und richtig gedichtet?
SOKRATES: Ja, sehr.
PROTAGORAS: Würdest du es für ein schönes Gedicht halten, wenn der Dichter sich darin widerspricht?
SOKRATES: Nein.
PROTAGORAS: Kennst du die spätere Stelle in dem Lied, wo er den weisen Pittakos zitiert
„Schwer ist es, gut (*esthlón* = *agathón*) zu s e i n (c4-5)"
und diesen (berühmten) Ausspruch tadelt? Scheinen dir die beiden Stellen zusammenzupassen?
SOKRATES: Ja, so scheint es mir. Dir nicht?
• **SOKRATES** (*zum Freund*): Ich habe die Gegenfrage gestellt, weil ich fürchtete, Protagoras meine, sie paßten nicht zusammen.

> Sie passen in dem Lied nicht zusammen, weil sie für Protagoras dasselbe bedeuten und Simonides, wenn das zuträfe, nicht den einen Satz akzeptieren und den anderen ablehnen dürfte.

PROTAGORAS: Wenn Simonides erst sagt „gut-werden ist schwer, wahrhaftig (*aletheía*)" und kurz darauf jemanden tadelt, der dasselbe sagt, w i d e r s p r i c h t er sich doch selbst?

> Da vor Protagoras anscheinend noch niemand behauptet hatte, in dem bekannten Lied des berühmten Simonides stecke ein Widerspruch, wirkt das auf die Zuhörer wie eine Sensation. Sie spenden dem Frager Protagoras daher lauten Beifall und sind natürlich gespannt, wie Sokrates darauf antworten wird.
>
> Prodikos und Hippias haben wahrscheinlich Protagoras' Gleichsetzung von „werden" und „sein" sofort als Falle für Sokrates erkannt – als kleine Vergeltung für den „Schwarzen Peter" (vgl. zu 338c6-e6).

339d10-340b2
• **SOKRATES** (*zum Freund*): Alle anderen Zuhörer lobten ihn lauthals, mir dagegen wurde es zunächst wie von einem Treffer beim Boxen schwindlig vor Augen.

Daß Sokrates aus eigener Erfahrung in jüngeren Jahren beim Sport spricht, ist nicht auszuschließen.

Für Sokrates ist Protagoras' Gleichsetzung von „werden" und „sein" überraschend, weil er natürlich davon ausgeht, daß „werden" (Bewegung) und „sein" (Zustand) nicht dasselbe sind.

Daß Sokrates dem Freund, dem er das Gespräch erzählt, mitteilt, er sei so erschrocken gewesen, daß es ihm die Sprache verschlagen habe, ist natürlich Sokratische Ironie. Wie sich gleich zeigen wird, versteht er die Frage als Aufforderung zu einem spielerischen Wettstreit, auf den er sich gern einläßt.

Sokrates bittet scherzend Prodikos um Hilfe.

- **SOKRATES** (*weiter zum Freund*): Dann aber – um dir die Wahrheit zu sagen – wandte ich mich an Prodikos, weil ich Zeit gewinnen wollte, um überlegen zu können, was Simonides (als er den berühmten Ausspruch des weisen Pittakos tadelte) wirklich sagen wollte.

Sokrates müßte dazu die Mehrdeutigkeit von „schwer" klären.

SOKRATES (*zu Prodikos*): Du mußt doch deinem Mitbürger[26] beistehen und mir helfen, Simonides gegen Protagoras zu verteidigen. Du hast vorhin (337a8-b1) so schön Wortbedeutungen (wie z. B. „streiten" und „zanken") unterschieden und kannst „wollen" und „begehren" auseinanderhalten.

340b2-c5

Prüfe nun, ob du mir zustimmen kannst, daß Simonides sich nicht widerspricht. Sage vorweg, ob dir „werden" und „sein" dasselbe oder verschieden zu sein scheinen.

Prodikos ist bereit mitzuspielen und Sokrates zu unterstützen.

PRODIKOS: Verschieden.

Als Spezialist für Wortbedeutungen könnte er natürlich ebensogut für Protagoras Partei ergreifen und sagen, Simonides und Pittakos drückten sich zwar unterschiedlich aus, meinten aber dasselbe.

SOKRATES: Hat Simonides nicht an der ersten Stelle gesagt, ein guter Mann zu „werden", sei wahrhaftig schwer?

PRODIKOS: Ja, das ist richtig.

SOKRATES: Er tadelt Pittakos, aber nicht, wie Protagoras zu glauben scheint, weil Pittakos dasselbe wie er sagt, sondern weil Pittakos etwas

---

[26] Prodikos stammte wie Simonides von der Insel Keos.

anderes sagt. Pittakos behauptet nämlich nicht, es sei schwer, gut zu „werden" (*genésthai*), sondern zu „sein" (*émmenai=einai*).
SOKRATES (*jetzt wieder zu Protagoras*): Aber, Protagoras, wie Prodikos sagt, ist „sein" und „werden" nicht dasselbe. Wenn es nicht dasselbe ist, widerspricht sich Simonides nicht, sondern meint vielleicht mit Hesiod, „gut-werden" sei schwer, weil die Götter vor die Tugend (*areté*) den „Schweiß" gesetzt haben, aber wenn jemand die Spitze (das gut-sein) erreicht habe, sei dies „gut-sein" leicht.[27]
- **SOKRATES** (*zum Freund*): Prodikos lobte mich.

> Hesiod dachte natürlich nicht an (heutige) Bergsteiger, die oben angekommen ausruhen und die schöne Aussicht genießen, sondern an das mühsame Erlernen eines Handwerks. Was dem Lehrling anfangs schwerfällt, kommt ihm später, sobald er über das nötige Wissen verfügt, leicht vor. – Daß die praktische Anwendung des Wissens, die körperliche Arbeit als Geselle oder Meister, leicht sei, ist damit nicht gesagt.

340d6-e7
PROTAGORAS: Deine Verteidigung macht den Fehler nur schlimmer. Simonides wäre doch ganz unvernünftig, wenn er behauptete, das Besitzen der Tüchtigkeit/Tugend (= gut-sein) sei leicht (*phaulon*), was doch alle Menschen (wie Pittakos) für äußerst schwierig halten.

> Protagoras geht nicht auf Sokrates' Meinung ein, daß „werden" und „sein" nicht dasselbe sind, sondern erklärt, Sokrates behaupte mit dem Verweis auf Hesiod, Pittakos habe „schwer" gesagt, aber eigentlich „leicht" gemeint.

340e8-341d1
SOKRATES: Gut, daß der Fachmann Prodikos, dessen Schüler ich bin, anwesend ist. Prodikos tadelt es, wenn man etwas als „furchtbar gut" bezeichnet, weil „furchtbar (*deinón*)" negativ ist, also „schlecht (*kakón*)" bedeutet. Man könne daher nicht „furchtbar gesund", sondern nur „furchtbar krank" sein.
Unter „schwer" (*chalepón*) versteht Simonides vielleicht etwas anderes, als du dir denkst. Nach Prodikos kann „schwer" nämlich auch „schlecht" (*kakón*) bedeuten, und Simonides nahm an, Pittakos habe „schlecht" gemeint, und hat ihn deswegen getadelt.

> Das ist ein etwas abwegiger Scherz; denn Pittakos kann nicht gemeint haben, es sei „schlecht", ein „guter Mann" zu sein.

---

[27] Hesiod (um 700 v. Chr.), *Werke und Tage*, Vers 289-292.

PRODIKOS (*den Scherz noch steigernd*): Genau das wollte Simonides sagen, weil er Pittakos vorwerfen wollte, er habe nicht verstanden, Worte zu unterscheiden, da er als Kind auf Lesbos kein richtiges Griechisch gelernt habe, sondern nur einen barbarischen Dialekt (341c8).
SOKRATES: Protagoras, du hörst, was Prodikos dazu sagt. Was kannst du entgegnen?

341d2-e7

PROTAGORAS (*ernsthaft*): Nein, Prodikos, unter „schwer" hat Simonides hat nicht „schlecht", sondern wie wir alle „mühsam" verstanden.
SOKRATES (*ernsthaft*): Auch ich glaube, daß Simonides das meint und Prodikos gescherzt hat, um zu prüfen, ob du deine Behauptung (Simonides habe sich widersprochen) verteidigen kannst.

> „verteidigen". Sokrates ist also mit Prodikos der Meinung, nicht er müsse beweisen, daß es keinen Widerspruch in dem Gedicht gibt, sondern Protagoras müsse zeigen können, daß Simonides sich wirklich widerspricht.

Simonides hat offensichtlich unter „schwer" nicht „schlecht" verstanden; denn er sagt:
„Gott allein kann diese Gabe (dauerndes gut-sein) besitzen."

> Anders als die Menschen müssen die Götter nicht mit Krankheiten, Unglücksfällen und Tod rechnen.
>
> Dagegen ist der scheinbar glückliche Skopas durch den Einsturz des Daches unerwartet plötzlich aus dem Leben geschieden.

Sokrates trägt seine Meinung zu Inhalt und Absicht des Liedes vor.

341e7-342a5

Aber was Simonides sich bei diesem Lied gedacht hat, will ich dir sagen, wenn du wissen möchtest, ob ich etwas von Gedichten verstehe.
• **SOKRATES** (*zum Freund*) Damit war Protagoras einverstanden, und Prodikos und Hippias und alle übrigen forderten mich dazu auf.

> Da Simonides, wie man sich denken kann, in seinem Gedicht nicht selbst sagt, er kritisiere Pittakos, um berühmt zu werden, kann Sokrates nur Stellen aus dessen Lied zitieren, an denen Simonides Pittakos offen tadelt.
> Im ganzen wirkt seine Auseinandersetzung mit dem Lied wie ein Gemisch aus Zitaten und eigenen Bemerkungen, wobei nicht immer klar ist, ob Simonides oder Sokrates spricht. Dabei läßt Sokrates Simonides auch Pittakos direkt anreden, was im Text des Liedes wahrscheinlich nicht zu lesen war.

Vierter Teil des Gesprächs: Ein spielerischer Streit über ein Scherzgedicht 65

Sokrates: Wahre Philosophie besteht aus kurzen Aussagen.
> Platon läßt Sokrates vorweg klarstellen, was unter Philosophie zu verstehen ist. Lange Reden sind danach keine Philosophie, weil sich das, was ein echter Philosoph zu sagen hat, durch kurze prägnante Sätze ausdrücken läßt. Das Vorbild sind die sog. Sieben Wiesen, zu denen auch Pittakos gehört.

Sokrates will damit seine Forderung nach kurzen Fragen und kurzen Antworten (334c8-d5) rechtfertigen und zugleich daran erinnern, daß es sich bei einem Gespräch über die Tüchtigkeit/Tugend (*areté*) um Philosophie handelt, wo andere Maßstäbe gelten sollten als bei einem Gespräch z. B. über ein Gedicht. Sokrates erklärt später (347b8-c2), bei der Interpretation von Gedichten könne man immer verschiedener Meinung sein.

Was die Prägnanz betrifft, müßte er heute Bücher kritisieren, in denen über philosophische Themen ausführlich und „gedankenreich" geredet wird, statt zu grundlegenden klaren Aussagen zu kommen.

342a6-343b5
SOKRATES (*zusammenhängende Rede bis 347a5*): Ich will versuchen, euch zu erklären, was ich von diesem Lied halte.
Die Philosophie begann mit kurzen Aussprüchen.
> Sokrates zitiert zwei allgemein bekannte Aussprüche aus dem Kreis der sog. Sieben Weisen „Erkenne dich selbst!" und „Nichts zu viel!"

Diese Art des Philosophierens durch kurze Sprüche hat sich in Sparta (Lakedaimon) bis heute erhalten.
Entsprechend ist auch Pittakos' Ausspruch „Schwer ist es, gut zu sein" weithin gerühmt worden.
> Für Sokrates ist dieser konstatierende Satz eine Mahnung wie die eben zitierten Aussprüche, die anderen der Sieben Weisen zugeschrieben wurden.

343b5-c7
Simonides hat diesen Ausspruch kritisiert, um durch die Kritik daran berühmt zu werden.
Wir alle sollten gemeinsam prüfen, ob ich recht habe.
> Wie man sieht, galt schon zu Sokrates' Zeiten der Angriff auf eine Berühmtheit als probates Mittel für aufstrebende Talente, selbst berühmt zu werden.
>
> 345e4-346a3 läßt Sokrates Simonides erklären, er habe Pittakos nur ungern kritisiert.

Sokrates: Schon der Anfang des Liedes beweist, daß Simonides sich nicht widerspricht.
Eine Bemerkung zur Grammatik des ersten Satzes.

343c7-d6

SOKRATES: Das „zwar" (*men* 343d1) am Beginn des Liedes wäre sinnlos, wenn Simonides nicht den Gegensatz zwischen seinem „gut (*agathón*) werden" und Pittakos' „gut (*esthlón=agathón*) sein" (d5-6) durch „zwar" (*men* d1) und „aber" (*allá* d5) (grammatisch) hätte deutlich machen wollen.

Damit ist für Sokrates entschieden, daß Simonides sich nicht widerspricht. Protagoras scheint das Argument zu akzeptieren.

Simonides redet sozusagen in seinem Lied mit Pittakos:
„Es ist zwar (wie du sagst) schwer, gut zu sein,
aber es ist (wie ich sage) schwer, gut zu werden, wahrhaftig."

Das ist kein direktes Zitat aus dem Lied, sondern Sokrates stellt Pittakos' Ausspruch und Simonides' (von Sokrates formulierte) Meinung einander direkt gegenüber, damit sofort zu erkennen ist, daß sie sich (im Wortlaut) widersprechen, also jedenfalls insofern nicht dasselbe sind, und Protagoras sich anscheinend irrt.

343d6-344a6

Simonides will nicht zwischen Männern, die „wahrhaftig gut" sind, und Männern, die „gut, aber nicht wahrhaftig gut" sind, unterscheiden – das wäre töricht –, sondern will durch „wahrhaftig" seine Auffassung des Pittakos-Ausspruchs bekräftigen, nämlich „wahrhaftig" (*alethéōs*) umstellend (*hyperbatón* 343e3) ans Ende des Satzes.

So hatte schon Protagoras die Originalform „Ein guter (*agathós*) Mann zu werden ist wahrhaftig (*alethéōs* 339b1) schwer" bei der Wiederholung des Zitats (339d3) durch die Umstellung von „wahrhaftig (*aletheía*)" ans Ende des Satzes etwas verschärft. – Diese Umstellung ist kein „gewaltsamer Bezug" (Manuwald S. 326), sondern „wahrhaftig" wird dadurch nur besonders betont.

Für Sokrates ist damit klar, daß Simonides und Pittakos nicht dasselbe sagen, sondern sich widersprechen und Protagoras unrecht hat. Sokrates ist also nicht bereit, in Simonides' Lied „sein" und „werden" mit Protagoras für dasselbe zu halten.

Da Protagoras nichts entgegnet, ist der angebliche Widerspruch damit vom Tisch und wird nicht weiter diskutiert.

Vierter Teil des Gesprächs: Ein spielerischer Streit über ein Scherzgedicht

344a6-b2
SOKRATES: Wie auch das Folgende beweist, ist es so gemeint. An vielen Einzelheiten ließe sich zeigen, daß Simonides' Lied leichtverständlich und sorgfältig ausgearbeitet ist.

344b2-5
Es würde lange dauern, das Lied genau durchzugehen. Wir wollen nur die allgemeine Art (*typos*) und Absicht (*boúlesis*) klären, nach der es nichts anderes ist als eine Widerlegung des Pittakos-Ausspruchs.

Daß Simonides Pittakos' Ausspruch kritisiert, steht fest. Um Simonides auch dabei zu verteidigen, will Sokrates zeigen, daß die Kritik berechtigt ist. Außerdem will er Simonides' Absicht, dadurch berühmt zu werden, aus dem Lied herauslesen.

Beides ist nicht ernstgemeint; denn Sokrates müßte dann Simonides' künstliche Deutung von „schwer" zu „schwer, aber möglich" ernstnehmen und Stellen aus dem Gedicht nennen können, wo Simonides selbst die Absicht, durch seine Kritik berühmt zu werden, zugibt.

Sokrates erklärt, worin Simonides' Kritik an Pittakos besteht.

344b6-c3
Denn wenig später heißt es bei Simonides:
„Es ist zwar schwer, ein guter Mann zu w e r d e n, aber m ö g l i c h. Doch, Pittakos, es zu bleiben (*dia-ménein*) und (dauernd) zu s e i n, ist un- m ö g l i c h, weil das übermenschlich wäre. Nur ein Gott könnte diese Gabe (*geras*) haben." Vgl. zu 345c3.

Daß Simonides Pittakos direkt anredet, gehört wahrscheinlich nicht zum Zitat, sondern ist Sokrates' Interpretation.

Sokrates läßt Simonides behaupten, Pittakos habe mit „schwer" gemeint, es sei schwer, „aber möglich", auf Dauer gut zu sein. Doch das kann Pittakos keinesfalls gemeint haben; denn das würde heißen, ein Mensch könne auf Dauer vor Krankheit und Unglück sicher sein.

Für Sokrates spielt Simonides mit der Mehrdeutigkeit von „schwer"; denn es kann sowohl „schwer, aber möglich" (so angeblich Pittakos) bedeuten als auch „schwer, d. h. unmöglich" (so Simonides).

Sokrates erklärt, warum dauerndes „gut-sein" unmöglich ist und nennt Beispiele aus dem praktischen Leben.

Wie „gut-werden" die Möglichkeit „gut-sein" implizieren kann, so kann „gut-sein" die Möglichkeit „dauernd gut-sein" implizieren. Das ist theore-

tisch richtig, aber in der irdischen Realität gibt es kein verläßliches „dauernd gut-sein", weil kein Mensch vor Krankheit und Unglück sicher ist.
Sokrates geht davon aus, Simonides habe Pittakos die Meinung unterstellt, dauerndes gut-sein sei möglich. Er nennt daher, um Simonides zu verteidigen, eigene Argumente für die Meinung, dauerndes gut-sein sei unmöglich.
Das beweist natürlich nicht, daß Simonides' Unterstellung berechtigt ist. Und da Sokrates überzeugt ist, kein Mensch könne dauernd vor Krankheit und Unglück sicher sein, kann er nicht wirklich glauben, Pittakos habe mit seinem Satz sagen wollen, eben das sei möglich. Er muß also von Anfang an verstanden haben, daß Simonides Pittakos' Wort „schwer" wider besseres Wissen mit dem Zusatz „aber möglich" versieht.
Schon Simonides wußte also, daß man mit Wortbedeutungen spielen kann. Protagoras hatte mit seiner Behauptung, Simonides habe sich widersprochen, ein eigenes Wortspiel begonnen und Sokrates hatte gern mitgespielt und mit der scherzhaften hilfesuchenden Wendung an Prodikos (339e6) darauf reagiert.

344c4-d8

SOKRATES: Simonides sagt:
„Ein (guter) Mann kann nicht mehr gut sein, wenn ihn ein Unglück trifft, das ihn ratlos macht."
(Ich sage:) Ein guter Mann kann nur jemand sein, der eigentlich nie ratlos ist, sondern immer das nötige Wissen hat. Auf einem Schiff ist das der Steuermann (heute: Kapitän).
> Er ist der einzige an Bord, der weiß, was bei einem Sturm zu tun ist, und daher der einzige, der ratlos ist, wenn der Sturm so stark ist, daß alle Gegenmaßnahmen vergeblich sind.

Ebenso kann nur ein Stehender fallen, und nicht ein Liegender.
Doch ein Fachmann kann vorübergehend ratlos sein wie ein Steuermann durch einen Sturm, ein Bauer durch schlechtes Wetter oder ein Arzt, der nicht weiß, wie er einem Kranken helfen kann.
Daher sagt (344d8) ein anderer Dichter:
„Ein guter Mann kann bald schlecht und bald wieder gut sein."

344e1-8

Der schlechte Mann ist dagegen schlecht und kann nicht schlecht werden, sondern das kann nur der einfallsreiche (*eu-méchanos*), kluge (*sophós*) und gute (*agathós*) Mann, wenn ihn ein Unglück trifft. Er muß dann (vorübergehend) schlecht sein (*émmenai*).

Vierter Teil des Gesprächs: Ein spielerischer Streit über ein Scherzgedicht

Ein ratloser Steuermann kann das Schiff wieder auf Kurs bringen, sobald der Sturm nachläßt. Ebenso kann ein ratloser Bauer wieder auf dem Feld arbeiten, wenn das Wetter besser wird. Ein ratloser Arzt kann einen rettenden Einfall haben.

Wer wie S i m o n i d e s meint, es sei „schwer", Steuermann, Bauer oder Arzt zu „werden", hält natürlich die Ausübung dieser Berufe (ihr „sein") für möglich, kann aber Orkane, Dauerregen und Krankheit und anderes Unglück nicht ausschließen.

Wer wie P i t t a k o s das Ausüben („sein") dieser Berufe für „schwer" hält, will dasselbe sagen, nämlich es sei möglich, aber könne durch Krankheit und Unglücksfälle unterbrochen oder ganz verhindert werden.

Das heißt, „sein" und „werden", die sich im Wortlaut widersprechen, können dasselbe bedeuten, was Protagoras als Falle für Sokrates ausnutzte (vgl. 338e6-339a6). Platon erlaubt Protagoras jedoch nicht, die Falle zuschnappen zu lassen, und erspart es Sokrates, sich daraus befreien zu müssen. Sokrates kann daher fortfahren, Simonides die Meinung zuzuschreiben, Pittakos habe „unmöglich" für „möglich" gehalten.

SOKRATES: Simonides behauptet:
„Du aber; Pittakos, sagst, es sei schwer, gut zu sein, d. h. du meinst, gut zu sein sei schwer, aber m ö g l i c h , was doch u n m ö g l i c h ist, weil es beim Menschen den Wechsel zwischen gutem und schlechtem Befinden gibt."

345a1-c3

Um gut lesen zu können, muß man es lernen. Wer ein guter Arzt werden will, muß das lernen. Nur ein (fertiger) Arzt kann ein schlechter Arzt sein. Wer kein Arzt ist, kann kein schlechter Arzt sein. Das gilt für alle Berufe.

Doch der „gute" Mann kann „schlecht" werden, z. B. durch Altern, Überanstrengung, Krankheit oder durch etwas anderes. Entscheidend ist dabei das schlechte Funktionieren (*kaké praxis*) seines Verstandes (*epistéme*).

Ein „schlechter" Mann kann nicht schlecht werden (weil er schon schlecht ist).

Daher will auch dieser Gedanke des Liedes zeigen, daß ein Mensch nicht dauerhaft in gutem Zustand sein kann, sondern zwischen gut und schlecht wechselt. Diejenigen Menschen, die überwiegend gut und die besten sind, werden von den Göttern geliebt.

Das sind nicht die mythischen Götter Homers, die sehr menschliche Züge tragen, sondern schon eine theologische Instanz, die selbst absolut gut ist und von den Menschen erwartet, möglichst gut zu sein.

345c4-11
Das alles ist gegen Pittakos gerichtet, wie auch die folgende Stelle zeigt: „Ich werde nie versuchen, einen ganz tadelfreien (*pan-a-mōmos*) Menschen zu finden, weil das Zeitverschwendung und vergebliche Mühe wäre. Falls ich doch einen fände (was unmöglich ist), würde ich ihn euch nennen."

Protagoras hatte das Gespräch über Simonides' Lied mit einem Zitat begonnen, bei dem es um einen Menschen geht, der „körperlich und geistig ohne Tadel (*aneu psogou*)" ist (339a6-b3).

Simonides und Sokrates wollen darunter einen „guten Mann" verstehen, dem es immer gutgeht und der nie gezwungen ist, etwas Schlechtes zu tun, also einen Menschen, den es nicht geben kann.

Wenn Pittakos, wie Simonides und Sokrates ihm unterstellen, wirklich behauptet hätte, es gebe ihn, wäre Protagoras' These, Simonides und Pittakos sagten dasselbe, widerlegt. Aber diese Unterstellung ist offensichtlich falsch, weil Pittakos die Meinung, unmögliches sei möglich, nicht vertreten haben kann.

345d1-6
SOKRATES: So streng geht er durch das ganze Lied hindurch gegen Pittakos' Ausspruch vor.
„Jeden lobe und liebe ich, der f r e i w i l l i g (*hekōn*) nichts Häßliches (Schlechtes) tut. Doch gegen Zwang kämpfen auch Götter nicht."

Das Wort „f r e i w i l l i g" (*hekôn*) kann heutigen Lesern in diesem Zusammenhang Schwierigkeiten bereiten. Gemeint ist „von Natur aus", d. h. ein solcher Mensch hält es für selbstverständlich, sich gut (vernünftig und rechtstreu) zu verhalten. Vgl. 345 d6-e4.

Doch Simonides glaubt, daß gute Menschen (durch äußere Umstände oder private Rücksichtnahme) gezwungen sein können, Schlechtes zu tun. Seiner Meinung nach gibt es keinen Menschen, der immer „gut" ist. Sokrates hatte 344c2-3 hatte aus dem Lied zitiert: „Nur ein Gott könnte diese Gabe (*geras*) haben.".

Auch das richtet sich gegen Pittakos' Ausspruch.

Gemeint ist die Pittakos unterstellte Behauptung, ein Mensch könne dauernd gut sein, als ob es nichts gebe, was sein gut-sein stören könnte, wie z. B. Krankheit, Unglücksfälle oder private Verpflichtungen.

Vierter Teil des Gesprächs: Ein spielerischer Streit über ein Scherzgedicht

Sokrates: Man kann gezwungen sein, etwas Schlechtes zu tun; denn niemand tut „freiwillig" etwas Schlechtes.

Sokrates unterscheidet zwei Arten von Menschen:

1. Die guten Menschen, die „freiwillig" („von Natur aus") nichts Schlechtes tun, weil sie ihr „gut-sein" wollen für selbstverständlich halten. – Doch ihnen können Fehler unterlaufen. Wenn sie etwas Falsches tun oder sagen, muß man sie kritisieren. Sokrates verteidigt deswegen Simonides' Kritik an Pittakos, weil dieser angeblich Unmögliches für möglich hält. Aber gute Menschen können auch (durch besondere Umstände gezwungen) ausnahmsweise etwas Schlechtes tun.

2. Die schlechten Menschen tun „unfreiwillig" Schlechtes, weil sie das für nützlich halten, aber nicht wissen, daß sie sich selbst damit schaden. Sie wissen nicht, daß sie spätestens nach ihrem Tod in der Unterwelt dafür bestraft werden (vgl. Platon *Gorgias* 523a1-524a7 und *Staat* 614b8-621b7). Alle Verbrechen beruhen, ist Sokrates überzeugt, auf diesem Denkfehler.

345d6-e4

SOKRATES: Denn Simonides war nicht so ungebildet (*a-paídeutos*) zu meinen, er könne jeden einzeln loben, der freiwillig nichts Schlechtes tut, als ob es Menschen gäbe, die freiwillig etwas Schlechtes tun.

Schlechte Menschen tun Schlechtes nicht, wie sie denken, freiwillig, sonderns tun es unfreiwillig, weil sie nicht wissen, daß sie sich selbst damit schaden.

Glücklicherweise ist das nur eine Minderheit; denn ein Staat beruht darauf, daß weitaus die meisten Bürger im Prinzip „gut-sein" wollen. Es ist daher nicht möglich, jeden einzeln deswegen zu loben und Millionen Menschen z. B. zum 70. Geburtstag einen Orden wie das Bundesverdienstkreuz zu verleihen, weil sie nicht „polizeiauffällig" geworden sind.

Ich bin überzeugt, daß kein kluger Mann der Meinung ist, ein Mensch begehe freiwillig Fehler und tue freiwillig etwas Häßliches und Falsches. Alle wissen doch, daß Falsches nur unfreiwillig getan wird.

Auch gute Menschen können sich irren und machen deswegen unfreiwillig Fehler oder sie sind durch besondere Umstände gezwungen, etwas Schlechtes zu tun.

Verbrecher begehen ihre Verbrechen nach Sokrates immer unfreiwillig, weil sie nicht wissen, daß sie sich selbst damit schaden.

345e4-346a3
Daher will Simonides nicht Menschen loben, die freiwillig nichts Schlechtes tun, sondern denkt bei „freiwillig" an sich selbst.

> Simonides hat, wie Sokrates annimmt, Pittakos „freiwillig" kritisiert, weil er es für berechtigt und daher nicht für schlecht hielt, aber zugleich nicht für lobenswert, weil man einen Weisen wie den berühmten Pittakos eigentlich nicht kritisieren sollte. Vgl. zu 346a3-b5.

Simonides meint nämlich, daß ein **guter** Mann sich oft zwingen muß, etwas zu lieben und zu loben wie z. B. Eltern und Vaterland.

> Wer ein guter Mann sein will, muß Eltern und Vaterland loben, auch wenn sie ihm ein Unrecht angetan haben.
>
> Simonides müßte Pittakos natürlich eigentlich loben, wollte sich aber (als Scherz) erlauben, ihn zu kritisieren und zu behaupten, Pittakos halte „dauerndes gut-sein" für möglich.

346a3-b5
Ein **schlechter** Mann (der sich um Eltern und Vaterland nicht kümmern will) freut sich sozusagen über ihm widerfahrene unfreundliche Behandlung und kritisiert sie öffentlich und klagt über die Schlechtigkeit von Eltern und Vaterland, damit man ihm nicht vorwerfen kann, er kümmere sich nicht um sie. Deswegen übertreibt er sogar und schafft dadurch unabsichtlich Feindschaft.

> Ein schlechter Sohn, der sich nicht um seinen altgewordenen Vater kümmert und deswegen getadelt wird, würde zu seiner Entschuldigung behaupten, sein Vater habe ihn schlecht behandelt, und würde das vielleicht wirklich falsche Verhalten seines Vaters übertreiben.
>
> Dadurch wird das angespannte Verhältnis zur offenen Feindschaft.

Ein **guter** Mann ist in solchen Fällen gezwungen, das Unrecht, das er von Freunden, Verwandten oder Staat erlitten hat, zu ignorieren und sie trotzdem zu loben. Außerdem muß er sich mit ihnen aussöhnen und sich sogar zwingen, sie zu lieben.

> Danach hat sich Simonides mit seiner Kritik an Pittakos wie ein guter Mensch verhalten, der Pittakos verehrt, aber dessen Fehler kritisiert, weil er sich im Interesse der Wahrheit dazu gezwungen sah. Daß die Wahrheit hier ein Scherz ist, konnten Platons zeitgenössische Leser aus Sokrates' gekünstelter Verteidigung entnehmen.
>
> 346e5-347a3 läßt Sokrates Simonides zu Pittakos so reden, als ob er ein schlechtes Gewissen hat und sich bei ihm wegen seines Angriffs entschuldigen möchte.

Vierter Teil des Gesprächs: Ein spielerischer Streit über ein Scherzgedicht 73

346b5-8
Oft war vermutlich auch Simonides gezwungen, einen Tyrannen zu loben (der ihm weniger sympathisch war als Skopas).
> Chorlyriker waren auf Einnahmen durch Aufträge für die öffentlichen Feste in den Städten angewiesen. Ihre Arbeitgeber waren zu seiner Zeit wahrscheinlich meist nicht gewählte Regierungen, sondern Tyrannen, d. h. durch Gewalt an die Macht gekommene Herrscher. Aus deren Sicht dienten öffentliche Feste mit Chorauführungen vor allem der Verherrlichung ihrer Macht, was die Dichter in ihren Texten irgendwie unterbringen mußten.

346b8-c11
SOKRATES: Simonides sagt daher zu Pittakos:
„Ich bin schon zufrieden, Pittakos, wenn jemand nicht schlecht und schwierig ist und Recht und Gesetze des Staates achtet. Ihn kritisiere ich nicht; denn ich kritisiere nicht gern, weil die Schar der Toren (die man kritisieren müßte) unendlich groß ist.
Alles ist schön, wenn nichts Häßliches daran ist, (sondern es nur weniger schön ist)."
> Simonides (läßt Sokrates ihn hier sagen) ist der Meinung, der Fehler, den er Pittakos vorwirft, schmälere nicht den Ruhm des wegen seiner Weisheit zu verehrenden Mannes. – Daß er in seinem Lied Pittakos wie einen Lebenden direkt angeredet hat, ist natürlich eine Zutat des Erzählers Sokrates.

346d1-e4
Damit will Simonides sagen, daß er nicht nur schwarz (häßlich) und weiß (schön) unterscheidet, sondern bereit ist, auch das zu loben, was dazwischen liegt, also nicht eindeutig häßlich ist.
> Sokrates wiederholt das schon 345c4-11 von ihm genannte Zitat und referiert Formulierungen, die bestätigen, daß Simonides von niemand absolutes „gut-sein" erwartet, sondern zufrieden ist, wenn Menschen nichts Schlechtes tun, d. h. wenn ihr Tun zwar nicht „weiß", aber auch nicht „schwarz", sondern eher „hellgrau" aussieht.

346e5-347a3
„Pittakos, wenn dein Ausspruch halbwegs annehmbar und wahr wäre, würde ich ihn nicht tadeln. Nun aber täuschst du dich sehr in einer äußerst wichtigen Sache und glaubst, etwas Wahres (347a3) zu sagen. Deswegen tadle ich dich."

Das ist kein wörtliches Zitat, sondern das von Sokrates fingierte Gespräch zwischen Simonides und Pittakos. Sokrates läßt Simonides sagen, was seiner Meinung nach Simonides bei einem persönlichen Zusammentreffen mit Pittakos diesem vorgeworfen hätte

347a3-5
Das ist das, Prodikos und Protagoras, was Simonides meiner Meinung nach mit seinem Lied sagen will.

Es fällt auf, daß Platon seinem Sokrates (anders als 338b2) keinen lauten Beifall gönnt. Wahrscheinlich wollte Platon dem Spiel mit der Wortbedeutung von „schwer" bei Simonides und Sokrates nicht den Rang eines ernsthaften Gesprächs verleihen.

Platon scheint zu erwarten, daß seine Leser die Situation so verstehen, und läßt nur Hippias auf Sokrates' Rede freundlich mit nichtssagendem Lob reagieren.

Zweite Zwischenszene (347a6-349a6)
Personen: Hippias, Alkibiades, Sokrates.

347a6-b7
HIPPIAS: Sokrates, auch du hast meiner Meinung nach gut über das Lied geredet. Ich habe übrigens ebenfalls eine ganz gute Rede darüber parat, die ich euch vortragen werde, wenn ihr wollt.

Hippias will nicht Schiedsrichter sein in der Frage, ob Sokrates recht hat. Als Universalgelehrter hat er natürlich auch schon über dies bekannte Lied nachgedacht und will mit seinem Angebot vermutlich das etwas peinliche allgemeine Schweigen durchbrechen.

ALKIBIADES: Ja, später. Jetzt muß aber erst entschieden werden, ob Protagoras noch weiter Fragen stellen will oder nun wieder Sokrates die Rolle des Fragers übernehmen soll.

Daß Alkibiades dem berühmten Hippias grob unhöflich über den Mund fährt und kuzerhand das Kommando übernimmt, stört niemanden, weil man ihm (vermutlich wegen seiner jugendlichen Schönheit) alles durchgehen läßt.

Mit seinem Vorschlag können sie einverstanden sein, weil sich inzwischen herausgestellt hat, daß Protagoras mit seiner Behauptung, in Simonides' Lied gebe es einen Widerspruch, nur einen von Sokrates akzeptierten spielerischen und unterhaltsamen scherzhaften Exkurs über ein Gedicht eröffnet hatte, der eine Zeitlang die Frage nach der Definition der *areté* vergessen ließ.

347b8-c2
SOKRATES: Die Entscheidung überlasse ich gern Protagoras. Wenn er einverstanden ist, wollen wir nicht länger über Lieder und Dichtung reden, sondern zum Thema meiner ersten Frage (nach der Definition der Tugend, 329c7) zurückkommen und es gemeinsam mit dir, Protagoras, abschließen.

> Das hätte Sokrates eigentlich schon sagen können, als Protagoras 383e ankündigte, über Dichtung reden zu wollen. Doch dort hatte er nicht protestieren können, weil Protagoras behauptete, es gehe auch dabei um die Tüchtigkeit/Tugend (*areté* 339a5). Sokrates scheut sich wohl, Protagoras das jetzt als Ablenkungsmanöver vorzuwerfen, weil er selbst, wie sich gezeigt hat, gern über Simonides' Lied geredet hat.

Lohnt es, über Dichtung zu sprechen?
> Sokrates hält Philosophie für wichtiger als Dichtung, weil nur die Philosophie echtes Wissen vermitteln könne (vgl. Platons *Staat* 607b). Daß Protagoras das Verstehen von Dichtung als sehr wichtigen Teil der Erziehung ansieht (338e7), entspricht der damaligen Vorstellung von Bildung und Schulunterricht.

347c3-d2
SOKRATES: Über Dichtung zu sprechen scheint mir den Trinkgelagen (Symposien) des einfachen Volks zu ähneln, wo nur die Musik der teuer bezahlten Flötenspielerinnen zu hören ist, während die Männer stumm dasitzen und trinken.

> „Flöte" (*aulós*), dem Klang nach der heutigen Oboe vergleichbar.
> Es gab Musikschulen, die Sklavinnen ausbildeten und vermieteten, wobei der Preis vermutlich höher war, wenn sie gutgewachsen waren und nackt (wie Vasenbilder zeigen) auftraten.

347d3-e1
Wo aber die Trinkgenossen vornehm und gebildet sind, gibt es keine Flötenspielerinnen und dergleichen, sondern man redet ordentlich miteinander oder hört zu, auch wenn viel Wein getrunken wird.

> In Platons *Symposion* wird die nach dem Essen hereingekommene Flötenspielerin gleich wieder weggeschickt, weil beim anschließenden Trinken und Reden die Musik nur stören würde.

347e1-348a2
So brauchen Männer, wie wir uns zu sein rühmen, keine zusätzliche Stimme (einer Flöte) und keine Dichter, die man nicht fragen kann, was

sie meinen. Wenn beim Reden Dichter zitiert werden, gibt es nur Streit über die Auslegung. Diejenigen, die bei Zusammenkünften (statt Musik zu hören) miteinander reden, stellen sich gegenseitig Fragen und beantworten sie.

348a2-6

Diese sollten wir nachahmen und, statt über Dichter zu reden, sollten wir direkt miteinander diskutieren, um möglichst die Wahrheit und uns selbst zu erkennen.

348a6-9

(*zu Protagoras*) Wenn du weiter Frager sein willst, bin ich gern weiter Antworter. Wir können danach auch wieder tauschen, um das unterbrochene Gespräch abzuschließen.

348b1-8

• **SOKRATES** (*zum Freund*): Doch Protagoras antwortete nicht, während ich noch weiterredete.

ALKIBIADES: Kallias, Protagoras sollte erklären, ob er das Gespräch fortsetzen will oder nicht. Wenn nicht, könnte Sokrates mit einem anderen oder sonst jemand könnte mit einem anderen reden.

> Alkibiades ist offensichtlich nicht interessiert zu erfahren, wie eine Definition der *areté* aussehen könnte, sondern hört lieber Streitgesprächen zu, bei denen es nur darum geht, rhetorisch zu siegen.

Das Gespräch über die Tugend soll fortgesetzt werden.

348c1-4

• **SOKRATES** (*zum Freund*): Als alle auf ihn einredeten, erklärte Protagoras – beschämt (*aischyntheís*), wie mir schien – sich bereit, weiterzumachen und wieder die Rolle des Antworters zu übernehmen.

> Protagoras hält, wie es scheint, eine Fortsetzung des Gesprächs für wenig ergiebig, möchte aber nicht als Spielverderber dastehen. Apelt übersetzt „fühlte sich in seiner Ehre getroffen".

348c5-d5

SOKRATES (*zu Protagoras*): Ich möchte mein Problem mit deiner Hilfe lösen. Damit folge ich nur einem Rat Homers (*Ilias* 10,224-226), sich zum Nachdenken immer einen Gesprächspartner zu suchen.

348d5-e5

Mit dir rede ich besonders gern, weil man mit dir am besten eine Untersuchung durchführen kann – und so auch eine, die der Tüchtigkeit/Tugend (*areté*) gewidmet ist. Du glaubst nicht nur, dich entsprechend zu verhalten, sondern kannst auch andere dahin bringen, was andere tüchtige Männer nicht können. Du bist selbst ein guter (*agathós*) Mann und kannst andere gegen Bezahlung zu guten Männern machen.

> Das klingt ironisch übertreibend, ist aber ein echtes Kompliment; denn Sokrates kann nicht bestreiten, daß Protagoras ein sehr gesuchter Lehrer ist, wie auch Hippokrates' Überfall zu nächtlicher Stunde zeigt. Es muß also viele junge Männer gegeben haben, die überzeugt waren, durch ihn zu besseren Menschen und guten Bürgern geworden zu sein.

348e5-349a6
Und du hast das Selbstvertrauen, dich offen als Sophist und Lehrer zu bekennen und dafür bezahlen zu lassen.

> Sokrates ist der Meinung, junge Menschen zu guten Menschen zu erziehen sei für jeden (Eltern und alle Bürger, vgl. 327a8-c4) Pflicht und man dürfe sich dafür eigentlich nicht bezahlen lassen. Aber er kann nichts dagegen haben, daß seriöse Privatlehrer von ihrem Unterricht leben wollen. Daß Protagoras und andere berühmte Sophisten dadurch sehr reich geworden waren, erregte allgemein Anstoß.
>
> Hohe Honorare dienten wohl schon damals der Eigenwerbung wie heute bei Groß-Managern und Fußballstars, die ihrem Ruf durch bescheidene Forderungen schaden würden.

Fünfter Teil des Gesprächs (349a6-360e5): Fortsetzung der Begriffsanalyse der Tugend.

> Sokrates kommt auf seine Frage zurück, ob sich die Einzeltugenden wie die Teile des Gesichts oder die Teile des Goldes unterscheiden. Als Protagoras die „Tapferkeit" besonders hervorhebt, wendet Sokrates sich ihr zu und führt dazu die Begriffe „Mut" (349e1-3), „schön" (349e3-8) und „wissen" (350a2) ein.
>
> In einer Art Exkurs (353b1-358a1) fingiert Sokrates ein Gespräch mit der öffentlichen Meinung, also den „Vielen", die sich von ihm erklären lassen möchten, was die Formulierung „von der Lust besiegt werden", eigentlich bedeutet. – Seine Erklärung lautet: Es ist „Unwissenheit", die nur durch rationales „Abwägen" (356b1) aufzulösen ist.
>
> Danach (358a1-359a1) läßt er sich von Prodikos, Hippias und Protagoras bestätigen, er habe den Vielen gezeigt, daß ihr „von der Lust besiegt werden" auf fehlendem Wissen beruht.

Anschließend kommt er auf die „Teile der Tugend", also die Unterbegriffe, zurück und redet (ab 359c1) wieder mit Protagoras allein, bis dieser nicht mehr antworten will.

349a6-d1

SOKRATES: Daher möchte ich mit dir weiter der Frage nachgehen, wie die Teile der Tugend, nämlich K l u g h e i t, B e s o n n e n h e i t, T a p f e r k e i t, R e c h t l i c h k e i t und F r ö m m i g k e i t, miteinander zusammenhängen, ob wie die Teile des Goldes oder die des Gesichts. Als du dich vorhin (329e1) für das Gesicht entschieden hast, war das vielleicht (nicht ernstgemeint), weil du mich nur prüfen wolltest.

Protagoras hatte sich 331d1-332a4 für „Gesicht", aber zugleich für „Ähnlichkeit" der Teile entschieden. Für ihn sind die Einzeltugenden bzw. Sinnesorgane sowohl gleich als auch verschieden. Sie sind alle gleich, weil sie einen gemeinsamen Oberbegriff (Tugend bzw. Gesicht) haben, aber untereinander sind sie verschieden.

349d2-8

PROTAGORAS: Die anderen vier sind einander ziemlich ähnlich, aber die T a p f e r k e i t ist sehr verschieden von ihnen; denn man kann sehr tapfer (*andreiótatos*) sein und zugleich sehr kriminell (*a-dikótatos*), unfromm (*an-hosiótatos*), zügellos (*a-kolastótatos*) und unwissend (*a-mathéstatos*) sein.

Protagoras meint hier (wie 329e2-330a4 und 333b7-c9) die Realität, in der es widersprüchliche Charaktere gibt; denn als Begriffe hält er, wie er wenig später (350b1-6) klarstellt, Tapferkeit und Verbrechen für unvereinbar.

Er hatte schon 329e5-6 gesagt, daß tapfere Männer zugleich kriminell sein können. Jetzt nennt er weitere Beispiele: Ein als tapfer geltender Kriegsheld kann zugleich Steuersünder, Religionsfrevler, Wüstling oder ungebildet sein. In der Alltagssprache sind bei Charaktereigenschaften Kombinationen tapfer+kriminell, tapfer+unfromm, tapfer+zügellos und tapfer+ungebildet zu hören. Sie sind als Begriffe widersprüchlich, aber in der Realität und in der Sprache möglich.

In der Realität gibt es wahrscheinlich keine fehlerlosen Menschen, sondern viele mit Eigenschaften, die als Tugenden gelten, aber zusammen mit größeren und kleineren Untugenden auftreten können.

Sokrates: Sind „Tapferkeit" und „Mut" dasselbe?

Das ist eine F a l l e, weil die beiden Wörter dasselbe, aber auch verschiedenes bedeuten können. Die Frage kann daher sowohl mit Ja als auch mit Nein beantwortet werden.

Fünfter Teil des Gesprächs: Forts. Begriffsanalyse der Tugend

349e1-3
SOKRATES: Nennst du „tapfer" (*andreíos*) auch „mutig" (*tharraléos*)?[28]
Protagoras kennt natürlich den Trick, ein Wort (*andreía*) durch ein Wort mit derselben oder ähnlichen Bedeutung (*tharros*) zu ersetzen und daraus einen Widerspruch zu konstruieren. Wenn Protagoras Ja sagte, brauchte Sokrates nur zu zeigen, daß Tapferkeit und Mut irgendwie verschieden sind, und wenn Protagoras dem zustimmen müßte, würde er sich widersprechen.
PROTAGORAS: Ja, sogar „verwegen" (*itas*[29]), wo andere sich fürchten.
Statt einfach Ja oder Nein zu sagen, nennt Protagoras zusätzlich „verwegen", um deutlich zu machen, daß es in der Alltagssprache noch mehr Wörter als „Mut" gibt, an die man bei „Tapferkeit" denken kann. Wahrscheinlich will er dadurch Sokrates fühlen lassen, daß er die Falle kennt.

Sokrates: Tüchtigkeit/Tugend ist „schön".
Sokrates mißversteht (bewußt oder unbewußt) Protagoras' Antwort als Gleichung „tapfer=mutig=verwegen"[30] und führt „schön" als neuen Begriff ein. Auch das ist eine Falle; denn als Begriff kann „schön" nicht zugleich häßlich sein, aber in der Realität kann ein Mensch ein schönes Gesicht und häßliche Hände haben.

349e3-8
SOKRATES: Tüchtigkeit/Tugend (*areté*) ist für dich etwas Schönes, und deswegen willst du Tüchtigkeit/Tugend lehren?
PROTAGORAS: Sie ist am schönsten, wenn ich klar denken kann.
Für Protagoras ist die Tüchtigkeit/Tugend der schönste Lehrgegenstand, weil sie die Schüler zu guten Bürgern macht.
SOKRATES: Kann an der Tüchtigkeit/Tugend etwas Schlechtes sein?
PROTAGORAS: Nein, sie ist vollkommen schön.
Das gilt für den Begriff Tüchtigkeit/Tugend und Protagoras' Absicht und Versprechen, seine Schüler Schönes zu lehren, d. h. nichts Häßliches (Schlechtes). Das ist der Grundsatz, nach dem er seine Schüler unterrichtet.

---

[28] Schleiermacher „dreist", Apelt „kühn", Manuwald „wagemutig".
[29] *itas*. Schleiermacher „keck zufahrend", Apelt „Draufgänger", Manuwald „draufgängerisch".
[30] 359a2-c2 erinnert Sokrates an Protagoras' angebliche Gleichung „tapfer= mutig=verwegen".

Doch Protagoras hatte (326e6-327a7) erklärt, daß der Unterricht in der Realität nicht immer erfolgreich ist und ein Schüler später vielleicht kriminell wird.

Kombinationen wie tapfer+kriminell sind sprachlich möglich, aber als Begriff widersprüchlich. Sokrates versucht nicht, das Protagoras als Widerspruch vorzuwerfen, sondern führt „Wissen" als neuen Begriff ein.

Auch das ist eine Falle; denn ein Mensch kann zugleich „wissend" (in der Zoologie) und „unwissend" (in der Botanik) sein.

Sokrates: Richtig zu entscheiden und zu handeln erfordert „Wissen".

Sokrates will den Begriff Wissen (*epistéme*=*sophía*) benutzen, um zeigen zu können, daß Tapfere „wissend" und Mutige „unwissend" sind. Wenn für Protagoras Tapfere nicht nur tapfer, sondern auch mutig sind, wären sie zugleich „wissend" und „unwissend". Das wäre ein Widerspruch, den er Protagoras vorwerfen könnte.

Doch Sokrates kann nicht voraussehen, daß Protagoras technisches und ethisches Wissen unterscheiden wird, und dieser Angriff damit ins Leere läuft.

Protagoras: Mutige haben technisches Wissen, Tapfere technisches und ethisches Wissen.

349e8-350b1

SOKRATES: Wer in tiefes Wasser taucht, ist „mutig" (*tharraléos*)?
PROTAGORAS: Ja, die (professionellen) Taucher.
SOKRATES: Weil sie Wissen haben (*epístantai*, „sie wissen")?
PROTAGORAS: Ja.
   Sie haben technisches Fachwissen (*epistéme*).
SOKRATES: Und im Krieg sind die Berittenen und die Leichtbewaffneten mutig.
   Sie haben ebenfalls technisches Fachwissen.
PROTAGORAS: Überall sind Wissende (*epistémones*) mutiger (*tharraleóteroi*) als Unwissende und als sie selbst waren, bevor sie es (Tauchen bzw. Kämpfen) erlernt hatten.

350b1-6

SOKRATES: Können Unwissende mutig (*tharraléoi*) sein?
PROTAGORAS: Ja, sehr mutig.
SOKRATES: Also sind diese (unwissenden) Mutigen auch tapfer?

Fünfter Teil des Gesprächs: Forts. Begriffsanalyse der Tugend 81

Sokrates hofft wahrscheinlich, Protagoras werde Ja sagen und sich damit widersprechen, aber Protagoras weiß, was Glatteis ist, rutscht nicht aus und sagt Nein.

PROTAGORAS: Nein, die Tapferkeit wäre dann häßlich (*aischrón*), weil die Mutigen wahnsinnig (*mainómenoi*) sind.

„wahnsinnig". Protagoras meint nicht, daß die Mutigen rasend wie Wahnsinnige kämpfen, sondern daß sie kämpfen, ohne zu wissen, warum und wofür sie kämpfen, also in dieser Hinsicht „unwissend" sind.

Der Unterschied zwischen Tapferkeit und Mut besteht für Protagoras im „ethischen Wissen", das die Tapferen haben und den Mutigen fehlt. Dies Wissen macht die Tapferkeit schön; denn das ethische Wissen muß zum technischen Wissen hinzukommen, damit aus Mut Tapferkeit wird. Technisches Wissen allein ist nicht schön. Daher ist die Tapferkeit schön, Mut dagegen nicht.

350b6-c5
SOKRATES: Hast du nicht vorhin gesagt, die Tapferen seien mutig?
PROTAGORAS: Das sage ich auch jetzt.

Protagoras hatte 349e1-3 Tapferkeit und Mut, wie Sokrates annimmt, gleichgesetzt. Protagoras hat inzwischen klargestellt, daß Sokrates sich irrt; denn auch Tapfere seien zwar mutig, aber zur Tapferkeit gehöre mehr als nur Mut, nämlich eine besondere seelische Einstellung und ethisches Wissen.

SOKRATES: Es gibt also Mutige, die nicht tapfer sind, weil sie wahnsinnig (unwissend) zu sein scheinen. Gerade eben waren aber die Wissendsten auch die Mutigsten und Tapfersten. Danach ist das Wissen (*sophía*) Tapferkeit?

„die Mutigsten und Tapfersten". Mit der Aussage, Tapferkeit sei ohne ethisches Wissen häßlich und nicht schön, hat Protagoras gemeint, daß die Tapferen dann wie die Mutigen nur technisches Wissen hätten. Sokrates hält an Protagoras' angeblicher Gleichsetzung von Tapferkeit und Mut (349e1-3) fest und glaubt daraus einen Widerspruch zu machen zu können. Wenn Protagoras die Tapferen für tapfer und zugleich für mutig hält, könnte man sagen, sie seien zugleich wissend und unwissend, was ein Widerspruch wäre.
Doch Sokrates kommt nicht dazu, das auszusprechen.

350c6-d2
PROTAGORAS: Du gibst nicht richtig wieder, was ich gesagt habe. Die Tapferen sind mutig, aber nicht alle Mutigen sind tapfer.

Für Protagoras sind die Tapferen also eine Teilmenge der Mutigen. Unter Mut versteht er eine ethisch wertneutrale Haltung, d. h. keine Tugend, weil der Mut seiner Meinung nach beliebigen Zwecken dient, während die Tapferkeit ethisch wertvoll ist, weil sie ausschließlich für etwas Gutes (z. B. Landesverteidigung) eintritt.

350d3-e6

Du meinst, die Menschen seien mit Wissen (*epistaménous*) mutiger (*tharraleotérous*) als sie selbst ohne Wissen und als generell unwissende Menschen, und insofern seien Tapferkeit und Wissen (*sophía*= *epistéme*) dasselbe.

Protagoras wirft Sokrates vor, Tapferkeit und Wissen gleichzusetzen, ohne technisches und ethisches Wissen zu unterscheiden. Dann wären Tapferkeit und Mut hinsichtlich des Wissens identisch, weil Tapfere und Mutige dasselbe Wissen hätten.

Für Protagoras ist die Gleichsetzung von ähnlichen Begriffen ein alter rhetorischer Trick, wie er an einem Beispiel demonstriert.

Da könntest du auch glauben, Stärke (*ischýs*) und Wissen (*sophía*) seien identisch; denn du könntest mich zuerst fragen, ob die Starken fähig (*dynatoí*) sind, was ich bejahen würde.

Danach könntest du fragen, ob wissende (ausgebildete) Ringer fähiger sind als sie selbst vor ihrer Ausbildung waren und als andere (Unausgebildete) sind, was ich ebenfalls bejahen würde.

Abschließend könntest du behaupten, daraus folge meine Zustimmung zur Identität von Wissen und Stärke.

Wer Ringer werden will, muß stark sein, aber ein Ringer ist er erst, wenn er das dazu nötige Wissen hat. Sokrates könnte daher behaupten, für den Ringer seien Stark-sein und Wissen notwendige Voraussetzungen und als Unterbegriffe des Oberbegriffs „Ringer" seien sie gleich und insofern identisch. – Den Trick, eine formale Gleichheit mit inhaltlicher Identität gleichzusetzen, hat Sokrates schon 331a6-c3 erfolglos bei den Begriffen Gerechtigkeit und Frömmigkeit versucht, als er „sehr ähnlich" und „identisch" gleichsetzen wollte.

350e6-351a4

Ich aber gebe nicht zu, daß die Fähigen (*dynatoí*) stark sind, sondern behaupte nur, daß die Starken fähig sind.

Wenn „fähig" Oberbegriff und körperlich „stark" Unterbegriff ist, sind alle Starken fähig, aber nicht alle Fähigen sind körperlich stark. Die Starken sind also eine Teilmenge der Fähigen.

Fünfter Teil des Gesprächs: Forts. Begriffsanalyse der Tugend

Wer fähig ist, als Ringer zu kämpfen, muß körperlich stark sein. Wer fähig ist, Bücher zu schreiben, muß nicht körperlich, sondern geistig hinreichend stark sein. Ringer und Schriftsteller fallen also beide unter den Begriff „fähig", aber da sind sie nicht allein, weil es dort auch Köche, Architekten, Pferdezüchter usw. gibt.

Denn Fähigkeit (*dýnamis*) und Stärke sind nicht dasselbe, Fähigkeit entsteht durch Wissen (*epistéme=sophía*) [und Wahnsinn (*manía*) und seelische Erregung (*thymós*)], Stärke aber beruht auf der Natur und guten Pflege (*eu-trophía*) des Körpers.

[...] ein späterer Zusatz von jemand, der glaubte, Protagoras' Bezeichnung der Mutigen als „wahnsinnige" (*mainómenoi* 350b6) hier wiederholen und durch *thymós* (Zorn, Wut) ergänzen zu dürfen. Ihm ist entgangen, daß Protagoras jetzt Wissen und Körperkraft unterscheidet und beim Wissen nicht Wahnsinn (Unwissenheit) und seelische Erregung einschließen kann.

351a4-b2
So sind Mut und Tapferkeit nicht identisch, d.h. die Tapferen sind mutig, aber nicht alle Mutigen sind tapfer.

Für Protagoras sind die Tapferen eine Teilmenge der Mutigen, weil sie ebenfalls mutig sind, aber außer technischem auch ethisches Wissen haben.

Mut beruht auf technischem Wissen (*techne*) [und Wahnsinn und seelischer Erregung], Tapferkeit dagegen auf der (angeborenen) Natur (*physis*) und guten Pflege (*eu-trophía*) der Seele.

[...] wie 350e6-351a4.

eu-trophía ist hier die geistige (technische und ethische) Belehrung durch Erzieher und Lehrer.

Für Protagoras sind also Tapferkeit und Mut sowohl verschieden als auch einander gleich. Gleich sind sie, weil zu beiden technisches Wissen gehört, dagegen verschieden, weil zur Tapferkeit darüber hinaus auch ethisches Wissen nötig ist.

Sokrates' Versuch, Protagoras mit Hilfe des Begriffs „Wissen" zu zwingen, sich zu widersprechen, ist also gescheitert.

Doch Sokrates gibt noch nicht auf und unternimmt einen neuen Versuch mit dem Begriff „g u t".

Kann etwas „g u t" und zugleich „schlecht" sein?

Sokrates glaubt Protagoras verleiten zu können, diese Frage zu bejahen und sich damit zu widersprechen; denn sie entspricht der Frage, ob Tapferkeit und Verbrechen zusammenpassen, was Protagoras für die Begriffe ausschließt, aber in der Realität für häufig vorkommend hält. Vgl. 349d2-8.

351b3-c2

SOKRATES: Leben manche Menschen gut (*eu*), andere schlecht?

> *eu* (Adverb) = *agathón* (Adjektiv).

PROTAGORAS: Ja.

SOKRATES: Ist ein Leben gut, wenn der Mensch Schmerzen hat?

PROTAGORAS: Nein.

SOKRATES: Wenn ein Mensch, nachdem er angenehm (*hedéōs*) gelebt hat, stirbt, war das ein gutes (*agathón*) Leben?

> *hedéōs* ist Adverb zu *hedoné* („Lust"), *hedý* ist Adjektiv.
>
> Dies gute Leben ist nicht lustig oder lustvoll, sondern „erfreulich" oder „angenehm", wie Schleiermacher, Apelt, Manuwald sinngemäß richtig übersetzen.

PROTAGORAS: Ja.

SOKRATES: Ein angenehmes Leben ist gut, ein unangenehmes Leben ist schlecht?

> Wenn Protagoras einfach Ja sagt, könnte Sokrates ihn fragen, ob das angenehme Leben eines Menschen, der durch Verbrechen reich geworden ist, gut sei, und Protagoras müßte Nein antworten und würde sich damit widersprechen. Doch Protagoras erkennt natürlich die Falle und wird leicht mit ihr fertig.

PROTAGORAS: Ja, wenn das angenehme Leben s c h ö n war (c1-2).

> Mit dem von Sokrates (349e6) eingeführten Begriff „schön". wehrt Protagoras Sokrates' Angriff mit dessen eigener Waffe ab. Er unterscheidet schöne (gute) und häßliche (schlechte) Lust, also ein zufriedenes sittsames Leben und das ausschweifende Leben eines reich gewordenen Verbrechers. Das erste ist objektiv lobenswert und subjektiv angenehm, das zweite ist objektiv tadelnswert, aber subjektiv angenehm.
>
> Sokrates erkennt, daß er diesen Widerspruch zwischen entgegengesetzten Realitäten nicht Protagoras persönlich vorwerfen könnte. Er unternimmt daher einen neuen Versuch mit dem Begriff „L u s t".

Gibt es gute und schlechte Lust?

> „Lust" ist hier eine erfreuliche Empfindung und das einfache Verlangen danach, also nicht das heftige triebhafte Verlangen wie z. B. bei der Habgier oder der Sexualität.

Fünfter Teil des Gesprächs: Forts. Begriffsanalyse der Tugend 85

351c2-d7
SOKRATES: Kann etwas, das Lust erzeugt (*hedéa*), schlecht sein und kann Schmerzliches (*aniará*) gut sein? Ich denke dabei nicht daran, daß etwas Schlechtes bzw. Gutes daraus folgen kann, sondern ich meine Lust und Schmerz selbst.
PROTAGORAS: So einfach ist das nicht, würde ich sagen; denn m. E. ist manche Lust nicht gut und mancher Schmerz nicht schlecht und drittens ist manches weder gut noch schlecht.

> Ein giftiger Pilz kann wohlschmeckend sein, eine Medizin schmeckt oft schlecht, manche Speisen schmecken weder gut noch schlecht.
> Der Hinweis auf eine dritte Möglichkeit (weder gut noch schlecht) könnte eher von Prodikos als von Protagoras kommen; denn Sokrates hat nur zwischen Lust bzw. Schmerz und guten bzw. schlechten Folgen unterschieden und hat nicht drittens neutrale Folgen genannt.

351d7-e3
SOKRATES: Mit Lust (*hedoné*) Verbundenes (*hedéa*) ist, was an der Lust teilhat oder Lust erzeugt?

> Eine tautologische Frage.

PROTAGORAS: Ja, selbstverständlich.
SOKRATES: Ich frage, ob die L u s t a n s i c h gut ist.

351e3-11
PROTAGORAS: Wenn die Frage zu unserm Thema gehört, wollen wir sie untersuchen und klären, ob wir sie bejahen oder verneinen.

> 358b2-3 wird die Frage, ob Lust an sich gut ist, von Prodikos, Hippias und Protagoras im Sinne von „Freude" (sich-freuen) bejaht.

SOKRATES: Willst du die Untersuchung führen oder soll ich das tun?
PROTAGORAS: Du solltest wie bisher die Untersuchung führen.

> Sokrates, der mit einer Frage zu Protagoras gekommen war, soll also weiter Frager sein und damit das Gespräch in seinem Sinne führen dürfen. Protagoras bekundet damit sein Interesse an der Fortsetzung des Gesprächs, behält sich aber vor, nicht nur Ja oder Nein zu antworten, sondern auch seine eigene Meinung zu sagen.
> Sokrates geht nicht gleich auf die Frage ein, ob Lust an sich gut ist, sondern beginnt einen Umweg und kommt zum Begriff „Wissen" zurück. Er will zeigen, daß man Wissen braucht, um gut und schlecht unterscheiden zu können, und eben dies Wissen sich bei den Vielen von der Lust besiegen läßt.

Wissen (diánoia, epistéme) ist stärker als Triebe und Empfindungen.
352a1-d4
SOKRATES: Vielleicht läßt sich die Sache so klären. Ein Arzt würde einen Patienten nicht nach dem Aussehen seines Gesichts oder seiner Hände beurteilen, sondern würde ihn auffordern, Brust und Rücken freizumachen, damit er ihn genauer untersuchen kann.
So frage ich zu deiner Unterscheidung zwischen „gut" und „Lust", was du vom „Denken" (*diánoia*) hältst. Wie denkst du über das Wissen (*epistéme*)?
So wie die meisten Menschen, die das Wissen für schwach halten, weil es von Zorn (*thymós*), Lust, Schmerz, Sexualität oder Furcht besiegt wird?
Oder hältst du das Wissen für etwas Schönes, das den Menschen regiert, weil es ihn gut und schlecht unterscheiden läßt und ihn zwingt, ihm zu gehorchen?
PROTAGORAS: Ich stimme der zweiten Frage zu; denn es wäre für jeden Menschen schandbar (*aischrón*) zu behaupten, daß das Wissen (*diánoia=sophía=epistéme*) nicht das Stärkste ist, was der Mensch besitzt.

352d4-353a8
SOKRATES: Was du sagst, ist schön und wahr. Aber wie du weißt, glauben uns die meisten Menschen nicht, sondern behaupten, daß Menschen oft wissen, was das Beste ist, es aber trotzdem nicht tun wollen, obwohl sie es könnten.
Wenn ich sie nach der Ursache ihres (falschen) Tuns gefragt habe, war stets die Antwort, sie hätten es „besiegt" von Lust oder Schmerz oder einem anderen, das ich eben genannt habe, getan.

„anderen" = Zorn, Sexualität, Furcht (352b7-8).

PROTAGORAS: Die Menschen reden viel und auch Falsches.

> Die Menschen würden nach Protagoras' Meinung der Lust und anderen Empfindungen und Trieben nicht unterliegen, wenn sie immer ihrem Verstand (Wissen) gehorchten.

SOKRATES: Doch wir müssen ihnen erklären, was mit ihnen geschieht (*pathos* „Erleiden"), wenn sie von der Lust besiegt werden; denn wenn wir einfach sagten „ihr irrt euch", würden sie uns gerade danach fragen.
PROTAGORAS: Warum sollten wir denn genauer betrachten, was die Vielen zufällig so daherreden?

Fünfter Teil des Gesprächs: Forts. Begriffsanalyse der Tugend

Für Protagoras ist die Sache klar: Wenn die Vielen ihren Verstand richtig gebrauchten, würden sie sich niemals durch die Lust zu einem falschen Verhalten verleiten lassen.

Auch Sokrates ist davon überzeugt, möchte aber den Vielen erklären, warum es unvernünftig ist, sich von der Lust besiegen zu lassen. Dazu fingiert er ein Gespräch mit ihnen.

353b1-6
SOKRATES: Ich glaube, es würde uns helfen, die Frage zu beantworten, wie sich die Tapferkeit zu den übrigen Teilen der Tugend verhält.

Sokrates benutzt diese Frage als Köder, damit Protagoras sich nicht weigert, über die Meinung der Vielen zu sprechen.

Erst 359a2-c2 kommt Sokrates auf die Tapferkeit zurück. Dort dient sie ihm jedoch nur dazu, die Furcht (*deilía*) als Begriff einzuführen und über ihr Verhältnis zur Tapferkeit zu reden.

Aber wenn du damit nicht einverstanden bist, können wir es auch bleibenlassen.
PROTAGORAS: Nein, fahre nur fort (b6).

Protagoras hält es zwar für überflüssig, über die falsche Meinung der Vielen zu reden, will aber Sokrates nicht davon abhalten.

353c1-358a1 Sokrates' fingiertes Gespräch mit den Vielen.

Für seine Gesprächspartner wechselt er zwischen dem Plural „Sie" und dem Singular „Er". Bei sich selbst schließt er meist Protagoras ein und sagt „Wir" statt „Ich".

Protagoras soll ihm bestätigen, daß „Sie" bzw. „Er" die Antworten, die er ihnen in den Mund legt, gegeben haben würden. Protagoras übernimmt diese Rolle bereitwillig, was für seine Gutmütigkeit spricht; denn er hätte sie eher ablehnen können, da er ein Gespräch mit den Vielen nutzlos genannt hatte.

Sokrates erklärt, was „von der Lust besiegt werden" bedeutet.
Aus seiner Sicht handelt es sich dabei um einen einfachen Rechenfehler.

353c1-8
SIE: Was, sagt ihr, bedeutet unsere Formulierung „von der Lust besiegt werden"?
WIR: Wenn ihr besiegt z. B. von Eßgier oder Trunksucht oder Sexualtrieb etwas euch Angenehmes (*hedéōn* c7) tut, obwohl ihr wißt, daß es schlecht (*ponerá*, verwerflich, schädlich) ist.
SIE: Das ist richtig.

Man muß bei Lust und Schmerz fragen, was daraus folgt.
„Lust" (*hedoné*) und „sich-freuen" (*chairein*) werden im Folgenden von Sokrates nebeneinander benutzt und nicht unterschieden.

353c8-e3
WIR: Warum findet ihr das schlecht, etwa weil es zunächst Lust (*hedoné*) verursacht und angenehm (*hedý*) ist oder weil es später zu Krankheit oder Armut führt? Oder weil ohne solche Folgen schon das bloße sich-freuen (*chairein*) schlecht ist?

> Sie sollen entscheiden, ob die Lustempfindung/Freude (*hedoné/chairein*) selbst schlecht ist oder nur durch die schlechten Folgen schlecht wird.

SIE: Nicht die Lustempfindung/Freude (*hedoné*) ist schlecht, sondern nur die schlechten Folgen.

> Das ist der Fall, wenn jemand sich freut, weil die Sonne scheint, und deswegen ohne Regenschirm spazierengeht und es wider Erwarten regnet, so daß er naß wird und sich erkältet.
> Anders sieht es aus, wenn der Anlaß der Freude schlecht ist, z. B. wenn ein Taschendieb sich freut, weil er nicht ertappt worden ist und daher keine Strafe befürchten muß. Dann ist auch die Freude schlecht.

Eine Paradoxie: Schlechtes kann gut sein.
> Schlechtes (Schmerz) ist gut, wenn dadurch etwas Gutes erreicht wird. Schneiden und Brennen des Arztes und das Trinken bitterer Medizin kann gut sein, wenn dadurch Gutes (Gesundheit) bewirkt wird.

353e3-354a2
WIR: Krankheiten und Armut erzeugen Schmerzen (*anías*)?
SIE: Ja.
WIR: Also leuchtet euch ein, daß, wie ich und Protagoras sagen, Krankheit und Armut schlecht sind, weil sie Schmerzen und Freudlosigkeit verursachen?
SIE: Ja.

> Ein Leben in Krankheit und Armut ist schmerzlich und freudlos und ist daher schlecht.

354a2-b5
WIR: Können Schmerzen gut sein, z.B. beim Sporttraining oder beim militärischen Drill oder bei der Behandlung durch einen Arzt?
SIE: Ja.
WIR: Ihr haltet Schmerzen für gut, wenn dadurch Gutes erreicht wird

Fünfter Teil des Gesprächs: Forts. Begriffsanalyse der Tugend 89

wie Gesundheit, Wohlbefinden, Überleben, Herrschaft über andere oder Reichtum?
SIE: Ja.

354b5-c6
WIR: Diese Folgen (der Schmerzen) sind also gut und sind das eigentliche Ziel, weil sie Lust/Freude (*hedoné*) und Fehlen von Schmerz (*lype*) bedeuten? Oder könnt ihr ein anderes Ziel angeben?
SIE: Nein, das können wir nicht.
WIR: Also jagt ihr der Freude (*hedoné*) nach, weil sie gut ist, und flieht den Schmerz, weil er schlecht ist?
SIE: Ja.

Bei Freude und Schmerz gibt es Größenunterschiede.

354c6-e2
WIR: Denn ihr sagt auch, eine Freude (*chairein*) sei schlecht, wenn sie größere Freude (*hedoné*) verhindert oder größeren Schmerz (*lype*) verursacht, so daß ihr sagen müßt, ihr habt dabei ein anderes Ziel (*telos*)?
SIE: Ja.
> Wer wählen kann, verzichtet gern auf eine kleine Freude zugunsten einer größeren Freude oder um einen größeren Schaden zu vermeiden. Das Ziel ist also eine übergeordnete Freude.

WIR: Ist es nicht beim Schmerz dasselbe? Ihr nennt ihn gut, wenn er größeren Schmerz verhindert oder größere Freude als Schmerz verursacht, so daß ihr wie ich sagen müßt, ihr habt dabei ein anderes „Ziel".
> Wer wählen kann, akzeptiert gern einen kleineren Schmerz (bittere Medizin) zugunsten einer größeren Freude (geheilt werden) und um einen größeren Schaden (krank bleiben) zu vermeiden. Das Ziel ist also auch hier eine übergeordnete Freude.

SIE: Ja.
> Die Vielen haben damit zustimmt, daß Lust/Freude und Schmerz relativ sind.

354e3-355a5
SOKRATES: Ihr könntet fragen, warum ich so viel darüber rede. Ich bitte um Nachsicht. Erstens ist nicht leicht zu zeigen, was „von der Lust besiegt werden" eigentlich heißt, und außerdem muß man dazu alle nötigen Beweise liefern.
Aber auch jetzt noch könnt ihr (eure Meinung von 353c8-e3) widerrufen, daß die Lustempfindung (*hedoné*) immer gut und der Schmerz (*anía*) immer schlecht ist.

Sie würden dann zugeben, daß Lust auch schlecht und Schmerz auch gut sein kann.
Oder denkt ihr, es gebe ein Leben in Lust und ohne Schmerz?
> Solch ein scheinbar ideales Leben ist zwar theoretisch vorstellbar, aber unrealistisch und praktisch unmöglich, solange es in der Welt Streit, Krankheit, Unglück und Tod gibt.

Wenn aber das genügt und ihr nichts anderes über gut oder schlecht zu sagen wißt, was nicht darauf hinausläuft (daß die Menschen von der Lust besiegt Schlechtes tun) hört das Folgende.

Wenn die Lust immer gut ist, bedeutet die Formulierung "von der Lust besiegt werden" dasselbe wie "von dem Guten besiegt werden".

355a5-c2

Denn ich sage euch: Wenn es sich so verhält, daß ein Mensch von der Lust besiegt oft absichtlich etwas Schlechtes tut, obwohl er es unterlassen könnte, wäre das „lächerlich" (paradox).
Ebenso lächerlich wäre es, wenn der Mensch von der Lust getrieben oft absichtlich etwas Gutes n i c h t tut.
Daß dies lächerlich ist, erweist sich, wenn wir die Bezeichnungen „angenehm/schmerzhaft" und „gut/schlecht" nicht nebeneinander verwenden, sondern zuerst von „gut/schlecht" und danach wieder von „angenehm/schmerzhaft" sprechen. Wenn wir das getan haben, wollen wir sagen, der Mensch wisse, daß etwas schlecht ist, aber tue es trotzdem.

355c2-e3

ER: Warum ist das so?
WIR: Weil der Mensch besiegt wurde.
ER: Wodurch wurde der Mensch besiegt?
WIR: Da wir „die Lust" durch „das Gute" ersetzt haben, müssen wir sagen, er werde von dem G u t e n besiegt.
> Wenn die „Lust" immer „gut" ist, wie die Vielen sagen, ergibt sich die Paradoxie, daß der Mensch von etwas Gutem (=Lust) besiegt etwas Schlechtes tut.

ER (*spöttisch*): Es ist doch lächerlich, daß jemand etwas Schlechtes, das er nicht tun müßte, doch tut, weil er vom Guten besiegt ist. Meint ihr, das Schlechte werde über Gutes siegen, das nicht wert war, über das Schlechte zu siegen?
WIR: Ja, von etwas besiegt, das nicht wert war zu siegen; denn sonst dürfte man nicht sagen, man sei von der Lust besiegt worden.

Man muß vergleichen und messen.
ER: Wie kann man denn Gutes und Schlechtes gegeneinander auspielen? Doch wohl nach dem Größenunterschied?
WIR: Ja, da können wir nichts anderes sagen.
ER: Ihr versteht also unter „besiegt werden", daß man für weniger Gutes mehr Schlechtes erhält?
WIR: Ja, wenn für Gutes, das weniger wert war.
> Wenn jemand für einen kleinen Gewinn (ein kleines Gute) einen großen Verlust (einen großen Schmerz) in Kauf nehmen muß, ist das ein schlechtes Geschäft. Manchmal muß man folglich auf etwas Gutes verzichten, um etwas Schlechtes zu vermeiden.

355e4-356a5
SOKRATES: Soweit dies. Wir wollen nun zu den Termini „Lust" („angenehm") und „Schmerz" („unangenehm") zurückkehren und an Stelle von „schlecht" wieder von „schmerzhaft" sprechen und sagen, daß der Schmerz von einer Lust besiegt wurde, die nicht wert war zu siegen.
Die geringere Wertschätzung für die Lust gegenüber dem Schmerz ist nichts anderes als ein (vergleichendes) Mehr und Weniger (zwischen Schmerz und Lust). Das ist ein Unterschied nach Größe oder Zahl oder sonstiger Stärke.
> Eigentlich ist es paradox, wenn man auf etwas Gutes verzichten soll. Die Paradoxie löst sich auf, sobald man erkennt, daß das gewonnene Gute kleiner ist als das Schlechte, das man dafür in Kauf nehmen muß.

Bei Lust und Schmerz sind Gegenwart und Zukunft zu unterscheiden.
356a5-8
ER: Es besteht doch ein großer Unterschied zwischen gegenwärtiger Lust und zukünftiger Lust bzw. zukünftigem Schmerz.
> Die Menschen entscheiden sich eher für eine gegenwärtige Lust, weil sie nicht daran denken, das könne heißen, auf eine spätere größere Lust zu verzichten oder einen späteren größeren Schmerz in Kauf zu nehmen.

SOKRATES: Geht es da um etwas anderes als Lust und Schmerz? Um nichts anderes.

Man muß abwägen.
356a8-c3
Wenn man weiß, was eine Balkenwaage ist, und auf die eine Seite Lust und auf die andere Seite Schmerz legt [und ebenso, was nah bzw. fern ist], sage, was mehr (schwerer) ist.

Wenn du Lust und Lust vergleichst, mußt du die größere Lust wählen. Wenn du Schmerz und Schmerz vergleichst, mußt du den kleineren Schmerz wählen. Wenn du aber Lust und Schmerz vergleichst und der Schmerz kleiner ist [und ebenso, was nah bzw. fern ist], kannst du die Lust wählen und entsprechend handeln. Wenn aber der Schmerz größer ist als die Lust, darfst du der Lust nicht folgen.

> [...] [...] wahrscheinlich spätere Zusätze von frender Hand. Da hat jemand geglaubt, die erst 356c4-8 folgende Unterscheidung zwischen Nähe und Ferne beim Sehen und Hören schon hier einflechten zu dürfen.

Könnte ich etwas anderes sagen, ihr Leute? Ich glaube, das könnte ich nicht.
ER: Ich stimme dir zu.

Subjektive (von der Entfernung abhängende) Größen kann man durch direktes Messen zu objektiven Größen machen.

356c4-357a1

SOKRATES: Erscheint etwas beim Sehen aus der Nähe größer als aus der Ferne und ist (beim Hören) ein Ton aus der Nähe lauter?
SIE: Ja.
SOKRATES: Wenn nun unser Wohlergehen davon abhinge, groß und klein unterscheiden zu können, was könnte uns dann retten? Das (objektive) Messen (*metriké techne* 356d4) oder der (subjektive) Schein (*phántasma* d8), der uns oft täuscht?
ER: Das Messen.
SOKRATES: Ebenso wenn man zwischen ungerade und gerade wählen muß oder zwischen identisch und verschieden?

357a1-5

Ist das (Messen) nicht Wissen (*epistéme*), d.h. eine Art Mathematik (*arithmetiké*)?
SIE: Ja.

357a5-c1

SOKRATES: Da unser Überleben (*sotería*) von der richtigen Entscheidung zwischen Lust und Schmerz und deren unterschiedlicher Größe oder Gleichheit abhängt, zeigt sich, daß es sich dabei um ein Messen (b2), d.h. um wissenschaftliches Forschen (*techne kai epistéme* b4) handelt.
SIE: Ja.
SOKRATES: Was für eine Art von Wissen das ist, werden wir ein andermal untersuchen. Für die Antwort auf eure Frage (was „von der Lust besiegt

werden" heißt) genügt der Beweis, daß es sich um Wissen handelt (das, wie ihr sagt, von der Lust besiegt wird).

> „ein andermal". Sokrates meint, man müsse durch weiteres Forschen herausfinden, was „das Gute" (für ihn ein absolut geltender Maßstab) ist, um sich immer richtig zu entscheiden.

Siege der Lust beruhen auf Unwissenheit.

357c1-e2
Als Protagoras und ich uns einig waren, daß Wissen stärker ist als die Lust (352c2-d4), und ihr meintet, es sei oft umgekehrt, da fragtet ihr, was unserer Meinung nach „von der Lust besiegt werden" heißt. Wenn wir damals geantwortet hätten, es sei „Unwissenheit" (*a-mathía*), würdet ihr uns ausgelacht haben.
Jetzt aber müßt ihr euch selbst auslachen; denn ihr habt zugestimmt, daß Fehler bei der Entscheidung über Lust und Schmerz auf Mangel an Wissen (*epistéme*) beruhen und „von der Lust besiegt werden" größte Unwissenheit (*a-mathía* e2) ist.

> Wer sich bei einer Wahl für die kleinere Lust bzw. für den größeren Schmerz entscheidet, ist unwissend.

357e3-358a1
Männer wie Protagoras, Hippias und Prodikos bieten an, euch von der Unwissenheit wie Ärzte (von einer Krankheit) zu befreien. Weil ihr aber glaubt, es sei nicht Unwissenheit, geht ihr aus Geiz weder selbst zu den Wissen lehrenden Sophisten noch schickt ihr eure Söhne zu ihnen und verzichtet damit privat und politisch auf ein besseres Leben.

> Schleiermacher übersetzt: „handelt ihr schlecht als Hausväter und als Staatsbürger".
>
> Daß Sokrates hier den Vielen empfiehlt, sich selbst und ihre Söhne von Sophisten lehren zu lassen, wie man bei einer Wahl zwischen Lust und besserem Wissen richtig entscheidet, ist zugleich eine Aufforderung für die anwesenden Sophisten, eben dies ihre Schüler zu lehren.

SOKRATES (*zu den Zuhörern*): Das hätten wir (ich und Protagoras) den Vielen geantwortet.

> Protagoras hatte während des Gesprächs nur bestätigt, daß „Sie" bzw. „Er" das geantwortet hätten, was Sokrates ihnen in den Mund legte. Sokrates kommt nicht auf den Gedanken, ihn zu fragen, ob er den Vielen anders geantwortet hätte.

Damit endet das fingierte Gespräch.
Sokrates hat die Frage, was „von der Lust besiegt werden" bedeutet, beantwortet und hat als Gegenmittel das rationale Messen und den Verstand (das Wissen) genannt.
Damit können die Klügeren unter den Vielen eigentlich nicht zufrieden sein; denn daß eine Entscheidung für die Lust schaden kann, w i s s e n sie, möchten aber erfahren, warum bei vielen Menschen die Lust trotzdem oft stärker ist als bei Menschen, denen wie Protagoras und Sokrates zuzutrauen ist, daß bei ihnen immer das Wissen über die Lust siegt.
Was dies Gespräch zur Sonderstellumg der Tapferkeit beitragen kann, verrät Sokrates uns nicht.

Fortsetzung des Gesprächs mit Protagoras, Prodikos und Hippias.
Sokrates zieht anfangs auch Hippias und Prodikos hinzu. Sie sollen ihm bestätigen, daß „von der Lust besiegt werden" auf Unwissenheit beruht.
Er beginnt mit der begrifflichen Trennung zwischen der Lust und ihren Folgen. Lust im Sinne von Sich-freuen ist immer gut, wenn sie nur als gegenwärtige Empfindung verstanden wird, die als solche von späteren vielleicht unerfreulichen Folgen nichts weiß.
Dieser Beginn überrascht, da die Drei schon zugehört haben, als Sokrates den Vielen gerade erklärt hat, der Mensch müsse immer an die Folgen denken. Anscheinend will er von ihnen nur hören, daß seine Antwort auf die Frage der Vielen richtig ist.

358a1-b3
Nun frage ich wieder dich, Protagoras, aber auch ihr, Hippias und Prodikos, sollt mir sagen, ob ich recht habe.
PROTAGORAS, HIPPIAS, PRODIKOS: Ja, du hast recht.
SOKRATES: Ihr gebt also zu, daß Erfreuliches (*hedý* „angenehm") gut und Schmerz schlecht ist?
Ich will von Prodikos keine Unterscheidung zwischen angenehm (*hedý*) und ergötzlich (*terpnón*) oder erfreulich (*chartón*) hören, sondern nur eine Antwort auf meine Frage.

Eine scherzhafte Spitze gegen Prodikos, weil Sokrates ihn abhalten will, die Gelegenheit für subtile Wortunterscheidungen (vgl. 358d5-359a1) zu nutzen, statt auf die Frage zu antworten, ob Lust im Sinne von Freude immer gut ist.

PRODIKOS (*lachend*), **HIPPIAS, PROTAGORAS**: Wir stimmen zu.

Fünfter Teil des Gesprächs: Forts. Begriffsanalyse der Tugend 95

Sie sind mit dem, was Sokrates den Vielen erklärt hat, einverstanden. Für sie war das natürlich nicht neu, doch Sokrates will trotzdem ihre Meinung hören.

358b3-c3

SOKRATES: Wie steht es mit Folgendem? Die Handlungen, die zu einem schmerzlosen und erfreulichen Leben führen, sind schön, gut und nützlich?

Ein Handeln, durch das etwas Gutes erreicht wird, ist schön, gut und nützlich. Das gilt jedoch nur, wenn man weiß, daß es keine schlechten Folgen hat.

PROTAGORAS, HIPPIAS, PRODIKOS: Ja.

SOKRATES: Wenn das Angenehme (*to hedý* = Freude) gut ist (= keine schlechten Folgen hat), wird niemand (der Lust empfindet) wissen oder glauben, er könne etwas Besseres tun als das, was er gerade tut.

Wer mit Genuß einen Apfel ißt, denkt nicht, ein Schweinebraten würde besser schmecken.

Das „von der Lust besiegt werden" ist also Unwissenheit (*amathía*), und Selbstbeherrschung ist Wissen (*sophía*).

Adam hätte sicher nicht den Apfel vom Baum der Erkenntnis gegessen, wenn er gewußt hätte, deswegen das Paradies verlassen zu müssen.

358c3-d4

PROTAGORAS, HIPPIAS, PRODIKOS: Ja.

SOKRATES: Unwissenheit nennt ihr doch „Falsches glauben und sich in sehr wichtigen Dingen täuschen"?

PROTAGORAS, HIPPIAS, PRODIKOS: Ja.

SOKRATES: Niemand läßt sich freiwillig und wissentlich auf etwas Schlechtes ein, das er für schlecht (ihm schadend) hält; denn das widerspricht der Natur des Menschen?

Kein vernünftiger Mensch würde absichtlich einen giftigen Pilz essen.

Niemand wird, wenn er zwischen zwei schlechten Dingen wählen muß, sich für das schlechtere entscheiden?

PROTAGORAS, HIPPIAS, PRODIKOS: Das glauben wir alle.

Inzwischen fragen sich die drei berühmten Sophisten vermutlich, worauf Sokrates mit diesen Fragen, die jeder mit Ja beantworten würde, hinauswill und erwarten eine Falle.

358d5-359a1

SOKRATES: Weiter. Nennt ihr Erwartung von etwas Schlechtem Furcht (*déos*) oder Angst (*phobos*)? Ich frage Prodikos, weil ich das für dasselbe halte.

PROTAGORAS, HIPPIAS: Das ist dasselbe.
PRODIKOS: Nein, das ist Furcht, aber nicht Angst.

déos und *phobos* galten anscheinend (wie im Deutschen Furcht und Angst) in der Alltagssprache meist als dasselbe, wurden aber von Vorgängern heutiger Sprachwissenschftler und Psychologen, die sich wie Prodikos mit dem Sprachgebrauch befaßten und terminologisch differenzieren wollten, für zwei verschiedene Seelenzustände verwendet.

SOKRATES: Darauf kommt es hier nicht an, Prodikos. Wenn das eben (358c6-d2) Gesagte richtig ist, wird sich niemand auf etwas einlassen, wovor er sich fürchtet, falls er das vermeiden kann; denn das, wovor er sich fürchtet, hält er für schlecht (ihm schadend), und das, was schlecht ist (ihm schadet), will niemand.

PROTAGORAS, HIPPIAS, PRODIKOS: Das glauben auch wir.

Sie können zustimmen; denn kein Mensch wird einen Pilz essen, wenn er fürchtet, er könnte giftig sein. Die natürliche Furcht vor dem Tod hindert den Menschen daran, verdächtige Pilze zu essen.

Sokrates kommt (an 349d2-8 anknüpfend) zurück zur „Tapferkeit" (andreía).

Sokrates denkt nicht an Friedenszeiten, sondern an die „Tapferkeit" im Krieg. Da müssen Menschen, obwohl sie „Furcht" haben, trotzdem kämpfen und bereit sein zu sterben, weil sie ihren Staat verteidigen wollen.

359a2-c2

SOKRATES: Da dies feststeht, Prodikos und Hippias, sollte Protagoras verteidigen, was er (349d2-8) zu fünf Einzeltugenden (Unterbegriffen der Tugend) und über die Sonderstellung der Tapferkeit gesagt hat.
Ich meine nicht seine Behauptung, daß die Einzeltugenden untereinander verschieden sind, sondern daß Menschen sehr tapfer sein können, aber zugleich sehr unfromm, sehr unrechtlich, sehr zügellos und sehr unwissend.
Ich wunderte mich darüber und fragte daher, ob „tapfere" (*andreíoi*) auch „mutig" (*tharraléoi*) sind.
Das bejahte er und fügte „verwegen" (*itas*) hinzu.
Erinnerst du dich daran, Protagoras?

PROTAGORAS: Ja.

Protagoras hatte (349e1-3) gemeint, daß man (in der Alltagssprache) statt „tapfer" auch „mutig" sagen könne, und hatte von sich aus „verwegen" hinzugesetzt, um durch diese Zuspitzung anzudeuten, er vermute, Sokra-

Fünfter Teil des Gesprächs: Forts. Begriffsanalyse der Tugend

tes habe vor, ihm die in der Alltagssprache übliche Gleichsetzung von „Tapferkeit", „Mut" und vielleicht sogar „Verwegenheit" als Widerspruch anzulasten.

Fortsetzung des Gesprächs mit Protagoras allein.
Sokrates will Protagoras wirklich auf dessen angebliche Gleichsetzung von Tapferkeit und Mut festnageln. Er benutzt dazu das Wort „gefährlich (*deinón*)", das jedoch, was Sokrates nicht weiß, für Protagoras bei Tapferen und Mutigen nicht dasselbe bedeutet.

Sokrates führt ein neues Wort für „Furcht" ein: „*deilía*". Diesmal könnte er Prodikos fragen, ob *deilía* dasselbe bedeute wie *déos* und *phobos* (vgl. 358d5-359a1).

Daß *deilía* hier nicht wie üblich mit „Feigheit",[31] sondern mit „Furcht" zu übersetzen ist, ergibt sich aus dem Kontext; denn Sokrates denkt bei *deilía* nicht an eine tadelnswerte allgemeine Charakterschwäche, sondern an die verständliche Furcht, die auch Tapfere im Krieg haben können. – Legale Kriegsdienstverweigerung war damals undenkbar.

Er beginnt mit der Frage, ob sich Tapfere und Furchtsame, wenn sie kämpfen müssen, unterscheiden.

359c2-4
SOKRATES: Gehen die Tapferen (*andreíoi*) verwegen (*itas*) auf dasselbe los wie die Furchtsamen (*deiloî*)?

Da Furchtsame in Friedenszeiten nicht gezwungen sind, auf etwas loszugehen, muß Sokrates das Verhalten auf dem Schlachtfeld meinen, wo auch Furchtsame kämpfen müssen.

Sokrates zitiert nur „verwegen" (*itas* 349e3), unterscheidet dann aber zwischen „tapfer" und „mutig", den Eigenschaften, die (349e1-3) Protagoras zusammen mit „verwegen" genannt hatte.

PROTAGORAS: Nein.
SOKRATES: Auf etwas anderes?
PROTAGORAS: Ja.

359c5-e1
SOKRATES: Gehen die Furchtsamen auf das Mutige (*ta tharraléa*) los, die Tapferen auf das Gefährliche (*deiná*)?

„das Mutige", d. h. „was Mut erfordert". Die Furchtsamen kämpfen mutig, aber ohne zu wissen, ob etwas gefährlich ist, weil sie sich immer

---

[31] „Feigheit" Schleiermacher, Apelt, Manuwald. Taylor spricht von „cowards".

fürchten. Die Tapferen dagegen fürchten sich nur, wenn etwas wirklich gefährlich ist.

ta tharraléa ist daher nicht „das Unbedenkliche" (Schleiermacher) oder „das Ungefährliche" (Apelt, Manuwald), sondern das, wogegen auch Furchtsame im Krieg mutig vorgehen müssen, ohne tapfer zu sein. Sie kämpfen gesetzestreu ebensomutig wie die Tapferen, obwohl sie sich immer fürchten und nicht zwischen gefährlich und ungefährlich unterscheiden.

PROTAGORAS: So sagen die Menschen (c6-7).

Anscheinend gab es in der Öffentlichkeit eine Diskussion, ob und wie sich auf dem Schlachtfeld die Furcht der Tapferen und die der Furchtsamen unterscheidet.

SOKRATES: Richtig (so sagen die Menschen), aber ich will wissen, wogegen die Tapferen d e i n e r Meinung nach verwegen (*itas*) vorgehen, ob absichtlich gegen das Gefährliche (*deina*) im Glauben, daß es gefährlich ist (und ihnen schaden kann), oder weil sie es nicht für gefährlich halten.

PROTAGORAS: Das erste hat sich doch nach deinen Worten als unmöglich erwiesen (d3-4).

Protagoras hatte Sokrates' Feststellung (358c6-d2, e2-6), daß niemand sich selbst schaden will, zugestimmt. Auch in den Krieg zieht niemand mit der Absicht, dabei umzukommen.

SOKRATES: Richtig; denn niemand geht absichtlich gegen etwas vor, das er für gefährlich (was ihm schaden könnte) hält. Das wäre ein (falsches) Sich-selbst-besiegen und hat sich als Unwissenheit erwiesen.

PROTAGORAS: Ja.

SOKRATES: Der Tapfere und der Furchtsame gehen (im Krieg) also auf dasselbe los?

Beide lassen sich im Krieg (praktisch) auf etwas ein, das sie (theoretisch) ablehnen müßten, weil es ihnen schaden könnte.

Wenn Protagoras jetzt Ja sagte und Sokrates daraufhin fragte, ob wirkliches Wissen und vermeintliches Wissen des Gefährlichen dasselbe sind, und Protagoras dann einfach Nein sagte, würde er sich widersprechen.

Doch Protagoras tut ihm den Gefallen nicht. Er antwortet sofort mit Nein, weist aber zugleich darauf hin, daß es im Krieg anders aussieht und zieht dazu den Begriff „f r e i w i l l i g (*hekōn*)" heran, um den es (345d ff.) beim Lied des Simonides ging.

Fünfter Teil des Gesprächs: Forts. Begriffsanalyse der Tugend 99

359e1-360a2
PROTAGORAS: Nein; denn Furchtsame und Tapfere verhalten sich unterschiedlich. Die Tapferen ziehen freiwillig (gern) in den Krieg, die Furchtsamen dagegen unfreiwillig (ungern).

> Die Tapferen kämpfen „gern", weil sie kämpferische Naturen sind und gern für ihren Staat kämpfen. Die Furchtsamen kämpfen „ungern", weil sie damit gegen ihre Natur verstoßen, aber als Bürger verpflichtet sind, für ihren Staat zu kämpfen.
>
> Sokrates' Versuch, mit Hilfe des Begriffs „gefährlich" Protagoras einen Widerspruch vorwerfen zu können, ist damit abgewehrt.

Sokrates kommt zu den Begriffen „schön" und „gut" zurück.

> Sokrates läßt nicht locker und unternimmt einen letzten Versuch, Protagoras einen Widerspruch nachzuweisen. Wenn jemand etwas für „schön und gut" hält, würde er sich widersprechen, wenn er das nur unfreiwillig und ungern tut, d. h. weil er es für häßlich und schlecht hält.
>
> Sokrates will das ausnutzen und auf einem neuen Schleichweg Protagoras zwingen, sich zu widersprechen.
>
> Protagoras ist bereit mitzugehen, aber da er erwarten muß, daß Sokrates wieder tautologische und verfängliche Fragen stellen wird, hat seine Bereitschaft natürlich Grenzen.

SOKRATES: Ist in den Krieg ziehen (um dem Staat zu helfen) schön (*kalón*) oder häßlich (*aischrón*)?
PROTAGORAS: Schön (lobenswert).

> Protagoras hält es für lobenswert, daß Männer bereit sind, für ihren Staat zu kämpfen und ihr Leben zu riskieren.

360a2-8
SOKRATES: Ist das Schöne und Gute auch angenehm (*hedý*)?
PROTAGORAS: Darauf haben wir uns (351c1-2) geeinigt.

> Die Furchtsamen müßten danach gern ihr Leben riskieren.

SOKRATES: Die Furchtsamen wollen sich nicht auf etwas, das schön, gut und angenehm ist, einlassen?[32]
PROTAGORAS: Wenn wir das akzeptieren, würden wir unserem Konsens (schön=gut=angenehm) widersprechen (a5-6).

---

[32] Die Furchtsamen, um die es hier geht, sind keine Pazifisten, d.h. sie lehnen einen Verteidigungskrieg nicht ab. Es wäre ihnen nur lieber, wenn es keinen Krieg gäbe und sie nicht kämpfen müßten.

Auch die Furchtsamen müssen und wollen für ihren Staat kämpfen und lassen sich damit auf etwas ein, das als schön und gut und deswegen angenehm gilt. Für die Furchtsamen ist es subjektiv unangenehm, aber sie halten es für richtig, ihren Staat verteidigen zu müssen. Ihr Verhalten ist insofern widersprüchlich.

SOKRATES: Doch der Tapfere läßt sich auf das, was schön, gut und angenehm ist, gern ein?

Für die Tapferen ist das Kämpfen angenehm, weil es ihrer Natur entspricht und sie freudig bereit sind, den Heldentod für ihr Vaterland zu sterben. Ihr Verhalten ist also konsequent und widerspruchsfrei.

PROTAGORAS: Da muß man zustimmen (a8).

360a8-d5

SOKRATES: Die Furcht (*phobos* = *deilía*) der Tapferen ist nicht häßlich (tadelnswert) und auch ihr Mut (*tharros*) ist nicht häßlich?

Die Tapferen sind tapfer und mutig, d. h. sie haben ethisches und technisches Wissen. Ihre Furcht ist nicht häßlich, weil sie sich nur fürchten, wenn sie überzeugt sind, daß etwas wirklich gefährlich ist. Ihr Mut ist nicht häßlich, weil sie ihn nur für etwas einsetzen, das sie für gut halten (wie die Verteidigung des Staates).

Beides (Furcht und Mut der Tapferen) ist also schön?

PROTAGORAS: Das ist richtig (b2).

SOKRATES: Wenn die Furcht der Tapferen nicht häßlich ist, dann ist sie schön (lobenswert)?

PROTAGORAS: Ja, ich stimme zu (b3).

SOKRATES: Und wenn schön, dann auch gut?

PROTAGORAS: Ja (b4).

SOKRATES: Also sind bei den Furchtsamen und Mutigen (*thraseis*) und Unwissenden (*mainómenoi*) entgegengesetzt (zu den Tapferen) Furcht und Mut häßlich?

Die Furchtsamen kämpfen zwar ungern, aber wenn sie mutig kämpfen, ist ihr Mut dem Mut der Mutigen, die unwissend sind, vergleichbar.

Ihre Furcht ist häßlich, weil sie sich immer, also auch grundlos fürchten. Ihr Mut ist häßlich, weil sie zwar ihrer Bürgerpflicht willig nachkommen, aber ungern kämpfen.

PROTAGORAS: Ja, ich stimme zu (360b6).

SOKRATES: Ihr Mut (*tharrousin,* „sie sind mutig") ist also wegen ihrer Unwissenheit häßlich und schlecht?

Fünfter Teil des Gesprächs: Forts. Begriffsanalyse der Tugend   101

PROTAGORAS: Ja, so ist es (b7).
> Der Mut der Furchtsamen, der nicht auf Wissen, sondern Gehorsam beruht, ist ethisch wertlos.

SOKRATES: Wie nun? Sind deswegen die Furchtsamen furchtsam, und nennst du das Furcht (*deilía*) oder Tapferkeit (*andreía*)?
> Für Protagoras ist diese Frage eine Zumutuung, weil „Furcht" als Antwort selbstverständlich ist.

PROTAGORAS: Furcht (c2).

SOKRATES: Es hat sich gezeigt, daß sie furchtsam sind, weil sie nicht wissen, was gefährlich (*deina*) ist?
> Sie können nicht einschätzen, wie groß eine Gefahr ist, und fürchten sich daher immer, wenn ihnen etwas irgendwie gefährlich erscheint. Sie wittern also ständig Gefahren, auch wo es keine gibt.

PROTAGORAS: Ja, genau (c3-4).

SOKRATES: Und dadurch (das fehlende Wissen) sind sie furchtsam?

PROTAGORAS: Ja, das sage ich (c6).

SOKRATES: Du gibst zu, daß Furchtsamkeit der Grund ihrer Furcht ist?
> Eine tautologische Frage.

PROTAGORAS: Ja (c6).

SOKRATES: Also Furchtsamkeit ist Unkenntnis, ob etwas gefährlich oder nicht gefährlich ist?
> Furchtsame unterscheiden nicht, was gefährlich und was nicht gefährlich ist, d.h. sie halten alles für gefährlich. Wenn sie trotzdem kämpfen, sind sie also bereit, sich selbst zu schaden, was ihrer Natur widerspricht.

- **SOKRATES** (*zum Freund*): Protagoras stimmte durch Nicken zu.
> Protagoras antwortet nicht mit Ja, weil er zugeben muß, daß das Verhalten der Furchtsamen widersprüchlich ist, und er erwartet, Sokrates werde das ihm als Widerspruch vorwerfen.
>
> Das Nicken wird üblicherweise (so auch Manuwald S. 440) als Zeichen verstanden, daß Protagoras „seine drohende Niederlage" erkennt. Doch Sokrates' Fragen sind eher geeignet, ihn ungeduldig werden zu lassen, weil Sokrates immer noch versucht, ihm mit autologischen bzw. schon beantworteten Fragen einen Widerspruch anzuhängen.

SOKRATES (*zu Protagoras*): Also ist die Tapferkeit (*andreía*) der Gegensatz zur Furcht (*deilía*)?

PROTAGORAS: Ja (d1).

Protagoras kann Ja sagen, weil die Begriffe Tapferkeit und Furcht sich als Begriffe ausschließen, aber er könnte auch mit Nein antworten, weil in der Realität die Tapferen auch Furcht haben können.

SOKRATES: Ist nicht das Wissen (*sophía*) des Gefährlichen und nicht Gefährlichen dem entsprechenden Nichtwissen (*amathía*) entgegengesetzt?

Sokrates erhofft ein Ja, um Protagoras dann vorwerfen zu können, er widerspreche sich, weil nach seiner Definition die Tapferen zugleich tapfer (wissend) und mutig (unwissend) kämpfen.

- **SOKRATES** (*zum Freund*) Auch hier stimmte Protagoras noch durch Nicken zu.

Protagoras kann den Unterschied zwischen Tapferkeit und Mut nicht bestreiten, weil er selbst das „ethische Wissen" eingeführt hat, aber ihm kann nicht gefallen, daß Sokrates ihm diesen sachlichen Unterschied anscheinend als Widerspruch vorwerfen will.

Daß ein Bauer schwarzbunte Kühe hat, ist kein logischer Fehler (Widerspruch) des Bauern, sondern eine Eigenschaft seiner Kühe.

SOKRATES (*zu Protagoras*): Ist dies Nichtwissen nicht Furchtsamkeit?
- **SOKRATES** (*zum Freund*) Jetzt stimmte Protagoras nur noch sehr mühsam zu.

Protagoras läßt irgendwie erkennen, daß ihm der Verlauf des Gesprächs zunehmend mißfällt.

SOKRATES (*zu Protagoras*): Das Wissen (*sophía*) des Gefährlichen und nicht Gefährlichen ist Tapferkeit (*andreía*) und ist dem Nichtwissen (*amathía*) der Furchtsamen entgegengesetzt?

Wenn Protagoras jetzt mit Ja antwortete, könnte Sokrates fragen, ob das Wissen der Tapferen dem Nichtwissen der Mutigen entgegengesetzt ist. Wenn Protagoras mit Ja antwortet, könnte Sokrates ihm vorwerfen, das von Protagoras definierte Wissen der Tapferen sei widersprüchlich, weil es aus Wissen und Nichtwissen bestehe.

360d6-e5
- **SOKRATES** (*zum Freund*): Jetzt wollte Protagoras nicht einmal mehr nicken und schwieg.

SOKRATES (*zu Protagoras*): Willst du auf meine Frage nicht mit Ja oder Nein antworten?

PROTAGORAS: Fahre ohne mich fort.

Protagoras will nicht weiter antworten, weil er umständlich erklären müßte, daß Mut bei den Tapferen nicht teilweise Unwissenheit bedeutet, sondern als technisches Wissen nötig ist, um ihr ethisches Wissen durchsetzen zu können.

SOKRATES: Ich will dich nur noch fragen, ob du immer noch meinst, Unverstand und Tapferkeit paßten zusammen.

> Sokrates erinnert an 349d2-8, wo Protagoras gesagt hatte, Tapfere könnten sehr unwissend sein.

PROTAGORAS: Du scheinst unbedingt zu wollen, daß ich weiter antworte. Ich will dir den Gefallen tun und sagen, daß wir übereingekommen sind, es für unmöglich zu halten.

> Für ihn ist klar, daß dies Übereinkommen nur für den (abstrakten) Begriff Tapferkeit gilt, nicht dagegen für die konkrete Sprache.
>
> Mit seinem einfachen Ja zeigt Protagoras, daß er eine Fortsetzung des Gesprächs für sinnlos hält; denn er könnte nur wiederholen, daß in der Realität und der Sprache die logisch widersprüchliche Kombination tapfer+unwissend vorkommt und guten Sinn ergibt.
>
> Angesichts dieses unbefriedigenden Ausgangs des Gesprächs ist es nicht erstaunlich, daß Platon die Zuhörer keinen Beifall spenden läßt.

360e6-361a3

SOKRATES: Ich frage all dies wegen der Tugend (*areté*). Erst wenn man weiß, was *areté* ist, kann man sagen, ob sie lehrbar ist.

> Sokrates kann nicht mit sich zufrieden sein, weil alle seine Versuche, Protagoras einen Widerspruch nachzuweisen, gescheitert sind. Er ist jedoch der Meinung, das Gespräche habe sich gelohnt, weil es dabei auch irgendwie um die Tugend (*areté*), den Obergriff der besprochenen Einzeltugenden, gegangen sei.
>
> Wer die *areté* erreicht hat, ist sozusagen ein absolut guter Bürger. Erzieher müßten nach Sokrates also vor allem wissen, was „das Gute" ist. Bisher hat das noch kein Philosoph und kein Pädagoge definieren können, weil – wie der historische und Platons Protagoras schon wußte – „gut" leider relativ ist.

Abschluß: Ein letzter Scherz, freundlicher Abschied (360e6-362a4).

361a3-c2

SOKRATES: Der Ausgang unseres Gesprächs könnte uns auslachen und sagen:
„Ihr beide seid nicht standfest (*á-topoi* „ohne festen Ort") und habt eure Meinungen miteinander getauscht.

Du, Sokrates, hattest behauptet, Tugend sei nicht lehrbar. Jetzt sagst du das Gegenteil, nämlich Gerechtigkeit, Besonnenheit und Tapferkeit seien Wissen (*epistéme*). Danach scheint die Tugend offensichtlich lehrbar zu sein.
Du, Protagoras, scheinst jetzt zu behaupten, daß sie nicht Wissen (*epistéme*) ist. Dann wäre sie doch keinesfalls lehrbar."

> Das erste ist nicht ernstgemeint; denn Sokrates weiß natürlich, daß die genannten Eigenschaften (Einzeltuenden) nicht wie Wissensfächer gelehrt und gelernt werden können.
>
> Auch das zweite ist ein Scherz; denn für Protagoras ist ethisches Wissen die entscheidende Voraussetzung für die Tapferkeit. Sokrates denkt vielleicht an 350b1-6, wo Protagoras dem Mut ethisches Wissen abgesprochen hat.

361c2-362a4
Angesichts dieser schrecklichen Verwirrung möchte ich das unbedingt klären und mit dir darüber reden, was die Tugend (*areté*) ist, und danach wieder fragen, ob sie lehrbar ist. Damit uns nicht der Hinterherdenker Epimetheus aus deinem Mythos betrügt, wie er schon den Menschen das Denken vorenthalten hat.
Mir gefiel daher der Vorausdenker Prometheus viel besser. Mit ihm frage ich mich seit jeher vorausdenkend, wie mein Leben aussehen sollte. Ich würde das, wenn du einverstanden bist, sehr gern mit dir, wie ich schon anfangs (320b4-c1) sagte, gemeinsam untersuchen.
PROTAGORAS: Ich lobe deinen Eifer, Sokrates, und deine Art, das Gespräch zu führen. Auch sonst bin ich, wie ich glaube, kein schlechter Mensch und vor allem bin ich nicht neidisch. Ich habe schon oft zu anderen gesagt, daß ich dich mehr bewundere als irgendeinen deiner Altersgenossen und ich nicht erstaunt wäre, wenn du eines Tages berühmt sein wirst wegen deiner Weisheit (*sophía*).
Über deinen Vorschlag (die Tugend selbst zu untersuchen) werden wir, wenn du willst, später einmal diskutieren. Jetzt sollten wir uns etwas anderem zuwenden.
SOKRATES: Ja, ich stimme dir zu, das wollen wir tun; denn für mich war es schon längst, wie ich vorhin sagte, Zeit zu gehen. Ich bin nur geblieben, um dem schönen Kallias einen Gefallen zu erweisen.
- **SOKRATES** (*zum Freund*): Nach diesem Wortwechsel gingen wir weg.
  > Damit läßt Platon den Dialog enden. Wir erfahren nicht, wie die anderen Anwesenden auf das Gespräch und dies Ende reagieren. Sokrates ver-

abschiedet sich weder vom Hausherrn Kallias noch von Prodikos und Hippias und nicht einmal von Alkibiades, der ihn so eifrig unterstützt hatte. Der junge Hippokrates scheint vergessen zu sein, so daß er Sokrates nicht fragen kann, ob er nun Protagoras' Schüler werden soll oder besser noch warten, bis Sokrates geklärt hat, was die Tugend ist.

Ebensowenig erhält der Freund, dem Sokrates alles erzählt hat, Gelegenheit, sich dazu zu äußern. Er könnte Sokrates z. B. fragen, wie die an ihn gerichteten Bemerkungen zu verstehen seien; denn das Gespräch sei doch unentschieden ausgegangen und vielleicht habe Protagoras in dem Spiel sogar die besseren Karten gehabt.

Platon hat solche denkbare Kritik seinem (und dem historischen) Sokrates wohl ersparen wollen, um seine Leser zum Nachdenken darüber zu ermuntern.